国家出版基金项目
NATIONAL PUBLICATION FOUNDATION

大中华文库

سلسلة كنوز التراث الصيني

大中华文库

汉阿对照

سلسلة كنوز التراث الصيني

الصينية– العربية

元曲选

مختارات الشعر الصيني القديم في عصر أسرة يوان الملكية

(元) 关汉卿等　著

张洪仪　译

[埃及] 纳赛尔・阿卜杜阿勒　审校

تأليف: قوان هان تشينغ وآخرون (أسرة يوان)

ترجمة: أ.د تشانغ هونغ يي

مراجعة: ناصر عبد العال (مصر)

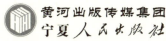

黄河出版传媒集团

宁夏人民出版社

دار الشعب للنشر بمنطقة نينغشيا

مجموعة النهر الأصفر للنشر والإعلام

بيانات سي أي بي (CIP) للمطبوعات الصينية

مختارات الشعر الصيني القديم في عصر أسرة يوان الملكية: الصينية – العربية
التأليف: قوان هان تشينغ وآخرون (عهد أسرة يوان)
الترجمة العربية: أ.د تشانغ هونغ يي
ينتشوان، دار الشعب للنشر بمنطقة نينغشيا، أغسطس عام 2020

(سلسلة كنوز التراث الصيني)

ISBN 978-7-227-07261-4

Ⅰ ① مختارات...
Ⅱ ① قوان... ②تشانغ...
Ⅲ ① الكتاب الثنائي اللغة – الصينية – العربية ② الشعر – الصين – عهد أسرة يوان
Ⅳ ① H379.4:I

رقم 170682 (2020) المرخص به من بيانات CIP للمطبوعات الصينية

سلسلة كنوز التراث الصيني
مختارات الشعر الصيني القديم في عصر أسرة يوان الملكية (الصينية – العربية)
التأليف: قوان هان تشينغ وآخرون (عهد أسرة يوان)
الترجمة العربية: أ.د تشانغ هونغ يي

مسؤول التحرير: يانغ هاي جيون – تشاو شيوه جيا
المراجعة: تشن جينغ
الإشراف على الطباعة: ما لي

النشر والتوزيع: دار الشعب للنشر بمنطقة نينغشيا
مجموعة النهر الأصفر للنشر والإعلام
مسؤول النشر: شيوه ون بين
العنوان: عمارة دار النشر رقم 139 شارع بكين الشرقي مدينة ينتشوان (750001)
الموقع الألكتروني: http://www.yrpubm.com
المكتبة الألكترونية: http://www.hh-book.com
الإيميل: nxrmcbs@126.com
قسم التسويق: 5052104 5052106 – 0951(86)
التوزيع: مكتبة شينهوا بالصين
الطباعة والتجليد: شركة بيلانشينغ المحدودة للطباعة بمدينة شنتشن
رقم الإيداع للطباعة (نينغ) 0018416
قياس الكتاب: 640 مم × 960 مم 1/16
لوحة الطباعة: 16.25
عدد الكلمات: 205 ألف كلمة
رقم الطبعة: الطبعة الأولى أغسطس عام 2020
رقم الطبع: الطبع الأول أغسطس عام 2020
الترقيم الدولي: ISBN 978-7-227-07261-4

السعر: 54 يوان

总　序

杨牧之

　　《大中华文库》终于出版了。我们为之高兴，为之鼓舞，但也倍感压力。

　　当此之际，我们愿将郁积在我们心底的话，向读者倾诉。

一

　　中华民族有着悠久的历史和灿烂的文化，系统、准确地将中华民族的文化经典翻译成外文，编辑出版，介绍给全世界，是几代中国人的愿望。早在几十年前，西方一位学者翻译《红楼梦》，将书名译成《一个红楼上的梦》，将林黛玉译为"黑色的玉"。我们一方面对外国学者将中国的名著介绍到世界上去表示由衷的感谢，一方面为祖国的名著还不被完全认识，甚至受到曲解，而感到深深的遗憾。还有西方学者翻译《金瓶梅》，专门摘选其中自然主义描述最为突出的篇章加以译介。一时间，西方学者好像发现了奇迹，掀起了《金瓶梅》热，说中国是"性开放的源头"，公开地在报刊上鼓吹中国要"发扬开放之传统"。还有许多资深、友善的汉学家译介中国古代的哲学著作，在把中华民族文化介绍给全世界的工作方面作出了重大贡献，但或囿于理解有误，或缘于对中国文字认识的局限，质量上乘的并不多，常常是隔靴搔痒，说不到点子上。大哲学家黑格尔曾经说过：中国有最完备的国史。但他认为中国古代没有真正意义上的哲学，还处在哲学史前状态。这么了不起的哲学家竟然作出这样大失水准的评论，何其不幸。正如任何哲学家都要受时间、地点、条件的制约一样，黑格尔也离不开这一规律。当时他也只能从上述水平的汉学家译过去的文字去分析、理解，所以，黑格尔先生对中国古代社会的认识水平是什么状态，也就不难想象了。

中国离不开世界，世界也缺少不了中国。中国文化摄取外域的新成分，丰富了自己，又以自己的新成就输送给别人，贡献于世界。从公元5世纪开始到公元15世纪，大约有一千多年，中国走在世界的前列。在这一千多年的时间里，她的光辉照耀全世界。人类要前进，怎么能不全面认识中国，怎么能不认真研究中国的历史呢？

二

中华民族是伟大的，曾经辉煌过，蓝天、白云、阳光灿烂，和平而兴旺；也有过黑暗的、想起来就让人战栗的日子，但中华民族从来是充满理想，不断追求，不断学习，渴望和平与友谊的。

中国古代伟大的思想家孔子曾经说过："三人行，必有我师焉。择其善者而从之，其不善者而改之。"孔子的话就是要人们向别人学习。这段话正是概括了整个中华民族与人交往的原则。人与人之间交往如此，在与周边的国家交往中也是如此。

秦始皇第一个统一了中国，可惜在位只有十几年，来不及做更多的事情。汉朝继秦而继续强大，便开始走出去，了解自己周边的世界。公元前138年，汉武帝派张骞出使西域。

他带着一万头牛羊，总值一万万钱的金帛货物，作为礼物，开始西行，最远到过"安息"（即波斯）。公元73年，班超又率36人出使西域。36个人按今天的话说，也只有一个排，显然是为了拜访未曾见过面的邻居，是去交朋友。到了西域，班超派遣甘英作为使者继续西行，往更远处的大秦国（即罗马）去访问，"乃抵条支而历安息，临西海以望大秦"（《后汉书·西域传》）。"条支"在"安息"以西，即今天的伊拉克、叙利亚一带，"西海"应是今天的地中海。也就是说甘英已经到达地中海边上，与罗马帝国隔海相望，"临大海欲渡"，却被人劝阻而未成行，这在历史上留下了遗恨。可以想见班超、甘英沟通友谊的无比勇气和强烈愿望。接下来是唐代的玄奘，历经千难万险，到"西天"印度取经，带回了南亚国家的古老文化。归国后，他把带回的佛教经典组织人翻译，到后来很多经典印度失传了，但中国却保存完好，以至于今天，没有玄奘的《大唐西域记》，印度人很难编写印度古代史。明代郑和"七下西洋"，把中华文化传到东南亚一带。鸦片战争以后，一代又一代先进的中国人，为了振兴中华，又前赴后继，向西方国家学习先进的科学思想和文明成果。这中间有我们的国家领导人朱德、周恩来、邓小平；有许许多多大科学家、文学家、艺术家，如郭沫若、李四光、钱学森、冼星海、徐悲鸿等。他们的追求、奋斗，他们的博大胸怀、兼收并蓄的精神，为人类社会增添了光彩。

中国文化的形成和发展过程，就是一个以众为师、以各国人民为师，不断学习和创造的过程。中华民族曾经向周边国家和民族学习过许多东西，假如没有这些学习，中华民族绝不可能创造出昔日的辉煌。回顾历史，我们怎么能够不对伟大的古埃及文明、古希腊文明、古印度文明满怀深深的感激？怎么能够不对伟大的欧洲文明、非洲文明、美洲文明、澳洲文明，以及中国周围的亚洲文明充满温情与敬意？

中华民族为人类社会曾经作出过独特的贡献。在15世纪以前，中国的科学技术一直处于世界遥遥领先的地位。英国科学家李约瑟说："中国在公元3世纪到13世纪之间，保持着一个西方所望尘莫及的科学知识水平。"美国耶鲁大学教授、《大国的兴衰》的作者保罗·肯尼迪坦言："在近代以前时期的所有文明中，没有一个国家的文明比中国更发达，更先进。"

世界各国的有识之士千里迢迢来中国观光、学习。在这个过程中，中国唐朝的长安城渐渐发展成为国际大都市。西方的波斯、东罗马，东亚的高丽、新罗、百济、南天竺、北天竺，频繁前来。外国的王侯、留学生，在长安供职的外国官员，商贾、乐工和舞士，总有几十个国家，几万人之多。日本派出的"遣唐使"更是一批接一批。传为美谈的日本人阿部仲麻吕（晁衡）在长安留学的故事，很能说明外国人与中国的交往。晁衡学成仕于唐朝，前后历时五十余年。晁衡与中国的知识分子结下了深厚的友情。他归国时，传说在海中遇难身亡。大诗人李白作诗哭悼："日本晁卿辞帝都，征帆一片绕蓬壶。明月不归沉碧海，白云愁色满苍梧。"晁衡遇险是误传，但由此可见中外学者之间在中国长安交往的情谊。

后来，不断有外国人到中国来探寻秘密，所见所闻，常常让他们目瞪口呆。《希腊纪事》（希腊人波桑尼阿著）记载公元2世纪时，希腊人在中国的见闻。书中写道："赛里斯人用小米和青芦喂一种类似蜘蛛的昆虫，喂到第五年，虫肚子胀裂开，便从里面取出丝来。"从这段对中国古代养蚕技术的描述，可见当时欧洲人与中国人的差距。公元9世纪中叶，阿拉伯人来到中国。一位阿拉伯作家在他所著的《中国印度闻见录》中记载了曾旅居中国的阿拉伯商人的见闻：

——一天，一个外商去拜见驻守广州的中国官吏。会见时，外商总盯着官吏的胸部，官吏很奇怪，便问："你好像总盯着我的胸，这是怎么回事？"那位外商回答说："透过你穿的丝绸衣服，我隐约看到你胸口上长着一个黑痣，这是什么丝绸，我感到十分惊奇。"官吏听后，失声大笑，伸出胳膊，说："请你数数吧，看我穿了几件衣服。"那商人数过，竟然穿了五件之多，黑痣正是透过这五层丝绸衣服显现出来的。外商惊得目瞪口呆，官吏说："我穿的丝绸还不算是最好的，总督穿的要更精美。"

——书中关于茶（他们叫干草叶子）的记载，可见阿拉伯国家当时还没有喝茶的习惯。书中记述："中国国王本人的收入主要靠盐税和泡开水喝的一种干草税。在各个城市里，这种干草叶售价都很高，中国人称这种草叶叫'茶'，这种干草叶比苜蓿的叶子还多，也略比它香，稍有苦味，用开水冲喝，治百病。"

——他们对中国的医疗条件十分羡慕，书中记载道："中国人医疗条件很好，穷人可以从国库中得到药费。"还说："城市里，很多地方立一石碑，高10肘，上面刻有各种疾病和药物，写明某种病用某种药医治。"

——关于当时中国的京城，书中作了生动的描述：中国的京城很大，人口众多，一条宽阔的长街把全城分为两半，大街右边的东区，住着皇帝、宰相、禁军及皇家的总管、奴婢。在这个区域，沿街开凿了小河，流水潺潺；路旁，葱茏的树木整然有序，一幢幢宅邸鳞次栉比。大街左边的西区，住着庶民和商人。这里有货栈和商店，每当清晨，人们可以看到，皇室的总管、宫廷的仆役，或骑马或步行，到这里来采购。

此后的史籍对西人来华的记载，渐渐多了起来。13世纪意大利旅行家马可·波罗，尽管有人对他是否真的到过中国持怀疑态度，但他留下一部记述元代事件的《马可·波罗游记》却是确凿无疑的。这部游记中的一些关于当时中国的描述使得西方人认为是"天方夜谭"。总之，从中西文化交流史来说，这以前的时期还是一个想象和臆测的时代，相互之间充满了好奇与幻想。

从16世纪末开始，由于航海技术的发展，东西方航路的开通，随着一批批传教士来华，中国与西方开始了直接的交流。沟通中西的使命在意大利传教士利玛窦那里有了充分的体现。利玛窦于1582年来华，1610年病逝于北京，在华二十余年。他把科学作为传教的工具，激起中国一些读书人对西方科学的兴趣。除了传教以外，他还做了两件具有历史象征意义的事，一是1594年前后在韶州用拉丁文翻译《四书》，并作了注释；二是与明代学者徐光启合作，用中文翻译了《几何原本》。

西方传教士对《四书》等中国经典的粗略翻译，以及杜赫德的《中华帝国志》等书对中国的介绍，在西方读者的眼前展现了一个异域文明，在当时及稍后一段时期引起了一场"中国热"，许多西方大思想家都曾注目于中国文化。有的推崇中华文明，如莱布尼兹、伏尔泰、魁奈等，有的对中华文明持批评态度，如孟德斯鸠、黑格尔等。莱布尼兹认识到中国文化的某些思想与他的观念相近，如周易的卦象与他发明的二进制相契合，对中国文化给予了热情的礼赞；黑格尔则从他整个哲学体系的推演出发，认为中国没有真正意义上的哲学，还处在哲学史前的状态。但是，不论是推崇还是批评，是吸纳还是排斥，都对中西文化的交流产生了巨大的影响。随着先进的中国科学技术的西传，特别是中国的造纸、火药、印刷术和指南针四大发明的问世，大大改变了世界的面貌。马克思说："中国的火药把骑士阶层炸得粉碎，指南针打开了世界市场并建立了殖民地，而印刷术则变成了新教的工具，变成对精神发展创造必要前提的最强大的杠杆。"英国的哲学家培根说：中国的四大发明"改变了全世界的面貌和一切事物的状态"。

三

大千世界，潮起潮落。云散云聚，万象更新。中国古代产生了无数伟大的科学家：祖冲之、李时珍、孙思邈、张衡、沈括、毕昇……产生了无数科技成果：《齐民要术》、《九章算术》、《伤寒杂病论》、《本草纲目》……以及保存至今的世界奇迹：浑天仪、地动仪、都江堰、敦煌石窟、大运河、万里长城……但从15世纪下半叶起，风水似乎从东方转到了西方，落后的欧洲只经过400年便成为世界瞩目的文明中心。英国的牛顿、波兰的哥白尼、德国的伦琴、法国的居里、德国的爱因斯坦、意大利的伽利略、俄国的门捷列夫、美国的费米和爱迪生……光芒四射，令人敬仰。

中华民族开始思考了。潮起潮落究竟是什么原因？中国人发明的火药，传到欧洲，转眼之间反成为欧洲列强轰击中国大门的炮弹，又是因为什么？

鸦片战争终于催醒了中国人沉睡的迷梦，最先"睁眼看世界"的一代精英林则徐、魏源迈出了威武雄壮的一步。曾国藩、李鸿章搞起了洋务运动。中国的知识分子喊出"民主与科学"的口号。中国是落后了，中国的志士仁人在苦苦探索。但落后中饱含着变革的动力，探索中孕育着崛起的希望。"向科学进军"，中华民族终于又迎来了科学的春天。

今天，世界已经跨入21世纪。分散隔绝的世界，逐渐变成联系为一体的世界。现在，经济全球化趋势日益明显，一个民族、一个国家的历史也就在愈来愈大的程度上成为全世界的历史。当今，任何一种文化的发展都离不开对其它优秀文化的汲取，都以其它优秀文化的发展为前提。在近现代，西方文化汲取中国文化，不仅是中国文化的传播，更是西方文化自身的创新和发展；正如中国文化对西方文化的汲取一样，既是西方文化在中国的传播，同时也是中国文化在近代的转型和发展。地球上所有的人类文化，都是我们共同的宝贵遗产。既然我们生活的各个大陆，在地球史上曾经是连成一气的"泛大陆"，或者说是一个完整的"地球村"，那么，我们同样可以在这个以知识和学习为特征的网络时代，走上相互学习、共同发展的大路，建设和开拓我们人类崭新的"地球村"。

西学仍在东渐，中学也将西传。各国人民的优秀文化正日益迅速地为中国文化所汲取，而无论西方和东方，也都需要从中国文化中汲取养分。正是基于这一认识，我们组织出版汉英、汉法、汉西、汉俄、汉阿、汉德、汉日和汉韩等对照版《大中华文库》，以九种文字，全面系统地翻译介绍中国传统文化典籍。我们试图通过《大中华文库》，向全世界展示，中华民族五千年的追求，五千年的梦想，正在新的历史时期重放光芒。中国人民就像火后的凤凰，万众一心，迎接新世纪文明的太阳。

1999 年 8 月《大中华文库》付印前
2008 年 9 月多语种文版付印时修改

تصدير

إن صدور «سلسلة كنوز التراث الصيني» لأمر يبعث فرحنا وسرورنا، وهو في الوقت نفسه يولد في أنفسنا شعورا قويا بالمسؤولية.

وأود أن أنتهز مناسبة صدور هذه السلسلة لأفصح لقرائنا عن نياتنا وأغراضنا في نشر هذا المشروع الثقافي الكبير.

١

إن الأمة الصينية أمة ذات تاريخ عريق وحضارة باهرة، وإنها لأمنية راودت أجيالا من الصينيين أن تنقل أمهات الثقافة الصينية إلى اللغات الأجنبية وتقدَّم إلى العالم بصورة منهجية وصحيحة. وقد ظهرت في الماضي، أي قبل عشرات السنين، ترجمات لهذه الكتب تمّت معظمها على أيدي مترجمين أجانب، فقد ترجم مثلا عالم في الغرب رواية «حلم القصور الحمراء»، ولكنه حوّل الآنسة لين داي يوي، الشخصية البطلة في الرواية، إلى "اليشم الأسود" في ترجمته! ففي حين أننا نشكر من أعماق قلوبنا هؤلاء العلماء الأجانب على جهودهم الكبيرة في تعريف العالم بالكلاسيكيات الثقافية الصينية، نشعر في الوقت نفسه بالأسف الشديد لسوء الفهم، بل التشويه في بعض الأحيان، الذي تعرضت له هذه الكلاسيكيات. وأذكر أيضا أن بعض العلماء الغربيين كانوا يتحمسون لترجمة الأوصاف الجنسية في رواية «جين بينغ مي» (أو "برقوق في الزهرية الذهبية")، مما أثار في الغرب زوبعة كبيرة حول الرواية، حتى زعم البعض أن الصين كانت منبع الإباحية الجنسية، وأن الصين الجديدة ترغب في إحياء هذه التقاليد الإباحية. لم يفتنا أن هناك عددا كبيرا من علماء ذوي خبرات وافرة ونيات حسنة كرسوا حياتهم في ترجمة وتعريف المؤلفات الفلسفية الصينية القديمة وساهموا مساهمة كبيرة في تقديم الثقافة الصينية إلى العالم، ولكن أعمال بعضهم تفتقر إلى الإتقان والجودة والآراء الثاقبة نتيجة لسوء الفهم أحيانا، ولقصر باعهم في اللغة الصينية أحيانا أخرى. وقد قال الفيلسوف الألماني الكبير هيجل إن الصين القديمة تمتلك أكمل تاريخ مدوَّن في العالم ولكنها تفتقر إلى

فلسفـات بمفهومها الدقيق، فهي في مرحلة "ما قبل التاريخ" فلسفيا. إنه لشيء مؤسف حقـا أن يدلي فيلسوف عظيم كهيجل بهذا التصريح المغاير للحقيقة تمامـا. والسبب في ذلـك أن أي فيلسوف، ولو كان هيجل العظيم، يبقـى أسيرا لزمانه ومكانه وظروفه، إذ أن معارفـه، عن التراث الصيني مثلا، مبنية على أساس ترجمات علماء الصينيات. وإذا كانت هـذه الترجمـات لم تبلـغ المستوى المرجـو، فليس من الغريب أن يقع هيجل وأمثاله في الخطأ عندما يحكمون على الحضارة الصينية القديمة.

لا يمكن للصين أن تستغنـي عن العالم، كما أن العالم لا يمكنـه أن يهمل الصين. لقد أخذت الصيـن القديمة من الحضارات الأخرى مقومات ثمينـة لتغذي نفسها، كما سـاهمت فـي تقدم البشرية بالعطاء الحضاري الخاص بها. وكانت الصين تسير في مقدمة الموكب الحضـاري الإنساني، تشـرق شمسها على العالم لمـدة أكثر من ألف سنة ابتداء من القرن الخامـس حتى القرن الخامس عشر. فكيف يمكن للعالم فـي مسيرته إلى الأمام أن يتغافل عن معرفة الصين ومعرفة تاريخها؟

٢

إن الأمـة الصينيـة أمة عظيمة، علـى الرغم من أنهـا شهدت في مسيرتهـا التاريخية أدوارا مـن المد والجزر، مـن الصعود والهبوط، ولكنهـا تظل أمة تجري وراء المثل العليا، راغبة في العلم والمعرفة، حريصة على السلام والصداقة.

لقد قال المفكر الصيني العظيم كونفوشيوس: "كلما سـرت مع رجلين وجدت لنفسي أستاذيـن. من له فضائل فهو قدوتي، ومن له رذائل فهو عبرتي." وهـذا القول السائر إنما يلخص مبدأ تعامل الأمة الصينية مع غيرها من الأمم، أي التعلم من الغير، وهو مبدأ يطبق في التعامل بين الناس كما يطبق في التعامل بين الأمم.

كان الإمبراطـور تشين شي هوانغ مؤسس أسرة تشيـن الحاكمة أول من وحّد الصين، ولكنـه لـم ينجز الكثير لأنـه بقي في عرشه لبضع عشرة سنة فقط. وفي أسـرة هان التي تلـت تشين، حافظت الصين على زخم نموها واتجهت إلى الخارج لمعرفة العالم. ففي عام ١٣٨ قبـل الميلاد، سافر تشانغ تشيان مبعوثـا من الإمبراطور وو دي إلى المناطق الواقعة فـي غربي الصين. وسافر على رأس قافلة تضم عشرة آلاف من البقر والخروف إضافة إلى كمية هـائلة من الذهب والحرير كهدايا إلى رؤساء المناطق والبلدان التي قصدها، وقيل إنه

قد وصل إلى بلاد الفرس غربا. وفي عام ٧٣، سافر مبعوث آخر يدعى بان تشاو إلى آسيا الوسطى على رأس وفد يضم ٣٦ عضوا لزيارة البلدان المجاورة للصين وإقامة الصداقات معها. ومن آسيا الوسطى أرسل بان تشاو زميله قان ينغ لمواصلة مشواره إلى الغرب، وعرفنا من سجلات تاريخية ترجع إلى ذلك العصر أن الرحالة قان ينغ "وصل إلى أرض العراق وسوريا مرورا ببلاد الفرس، حتى يحط رحاله في شاطئ البحر المتوسط ويسرح نظره في بلاد الروم". وكان يرغب في عبور البحر إلا أن زملاءه أصروا على ثنيه عن ذلك. مما يدل على أن للرحالتين بان تشاو وقان ينغ جرأة ليس لها مثيل ورغبة شديدة في التصادق والتبادل مع البلدان الأجنبية. أما في أسرة تانغ الحاكمة فقد قام الراهب شيوان تسانغ برحلة إلى الهند لطلب العلوم البوذية مجتازا كل أنواع المتاعب والمشقات، وبعد عودته إلى الصين نظّم جماعة من المترجمين لترجمة الأسفار البوذية التي حملها إلى الصين من الهند. وقد تعرضت في فترات لاحقة كثير من المخطوطات الدينية للاندثار في الهند ولكنها حُفظت في حالة سليمة في الصين. وكدليل على ذلك، أصبح من الصعب على أهل الهند اليوم كتابة تاريخهم القديم بدون الرجوع إلى «سجلات عن الأقاليم الغربية في أسرة تانغ العظيمة» التي ألفها شيوان تسانغ. وفي أسرة مينغ الحاكمة، قام البحار تشنغ خه بسبع رحلات بحرية إلى جنوب شرقي آسيا ونقل إليها الثقافة الصينية. أما تاريخ الصين الحديث الذي بدأ اعتبارا من حرب الأفيون عام ١٨٤٠، فقد شهد دفعات من الصينيين الذين سافروا إلى الغرب لتحصيل الأفكار والعلوم المتقدمة في الغرب بغية استغلالها لتحقيق النهضة في وطنهم الأم. وكان من بين هؤلاء زعماء الصين الجديدة أمثال تشو ده وشو ان لاي ودنغ شياو بينغ، وكبار العلماء والأدباء والفنانين أمثال الأديب كوه مو روه، والجيولوجي لي سي قوانغ، والفيزيائي تشيان شيويه سن، والموسيقار شيان شينغ هاي، والرسام شيوي بي هونغ وغيرهم. وإن هؤلاء الشخصيات المرموقين بما تميزوا من التطلعات والرؤى وما حققوا من الإنجازات يمثلون مفاخر البشرية بأكملها.

إن مسيرة الثقافة الصينية في تشكّلها وتطورها هي مسيرة التعلم من الشعب والشعوب الأخرى ومسيرة الإبداع المستمر، ولو لم تتعلم الأمة الصينية من البلدان والأمم المجاورة العلوم والخبرات لما استطاعت أن تخلق ماضيها المجيد. فما أجدر بنا أن ننحني شاكرين للحضارات القديمة العظيمة في مصر واليونان والهند! وما أجدر بنا أن

نحيي ونحترم الحضارات الباهرة في أوربا وأفريقيا وأمريكا وأستراليا وآسيا!

لقد ساهمت الأمة الصينية مساهمات فريدة في المجتمع الإنساني، وكانت الصين تتصدر العالم في العلوم والتكنولوجيا قبل القرن الخامس عشر، وقال في ذلك العالم البريطاني جوزيف نيدهام إن الصين "كانت تسبق الغرب كثيرا في المستوى العلمي والمعرفي في الفترة ما بين القرن الثالث والقرن الثالث عشر." كما قال البروفيسور الأمريكي بول كينيدي من جامعة يال ومؤلف «الصعود والهبوط للقوى العظمى»: "من بين جميع حضارات العالم في عصور سابقة على العصر الحديث ليس هناك حضارة أكثر تقدما وتطورا من الحضارة الصينية."

كان الأجانب من مختلف أنحاء العالم يقصدون الصين للزيارة أو طلب العلم. فتطورت مدينة تشانغآن عاصمة أسرة تانغ إلى مدينة دولية كبرى تدريجيا، وجذبت عشرات الآلاف ممن أتوا من بلاد الفرس والروم وكوريا والهند وغيرها، منهم الأمراء والموظفون والطلاب الوافدون والتجار والموسيقيون والراقصون. وأذكر على وجه الخصوص أن اليابان أرسلت دفعات متتالية من "مرسلين إلى أسرة تانغ"، كان أشهرهم المرسل الذي أخذ لنفسه اسما صينيا "تشاو هنغ"، والذي درس في مدينة تشانغآن وشغل منصبا حكوميا فيها وبقي في الصين لمدة طويلة تتجاوز خمسين عاما، حيث توطدت الصداقة بينه وبين العديد من المثقفين الصينيين. وقيل إنه توفي في حادثة بحرية في طريق عودته إلى اليابان، ولما بلغ الخبر إلى الشاعر الصيني العظيم لي باي كتب له قصيدة بكائية مشهورة جدا. ورغم أن خبر وفاة تشاو هنغ كان خطأ إلا أن هذه الحكاية كانت بمثابة خير دليل على الصداقة القائمة بين المثقفين الصينيين ونظرائهم الأجانب.

وكان الأجانب الذين يزورون الصين يندهشون دائما بمشاهداتهم في هذه البلاد المتحضرة. فقد سجل باوسانياس في كتابه الشهير «وصف اليونان» مشاهدات يوناني في الصين في القرن الثاني: "يطعم الصينيون حشرة تشبه العنكبوت بحبات الدخن وأوراق القصب حتى يتشقق بطن الحشرة بعد خمس سنوات فأخرج منه الحرير." من هنا نعرف أن الصين آنذاك قد عرفت تربية دودة القز لاستخراج الحرير، مما يشير إلى الفجوة بين الصينيين والأوروبيين حينذاك. وفي منتصف القرن التاسع الميلادي وصل العرب إلى الصين وسجل أحدهم (التاجر سليمان) في كتابه المعنون «سلسلة التواريخ» مشاهدات تجار عرب في الصين أقتبس منها هذه الفقرات:

"ذات يـوم، زار رجـل من وجوه التجار الأجانب موظفـا حكوميا كان الملك أرسله إلـى مدينة قوانغتشو، فرأى على صدره خالا يشف من تحـت ثياب حرير كانت عليه، فقدّر أنـه قد ضاعف بين ثوبين منها، فلما ألحّ في النظر قـال له الموظف: "أراك تديم النظر إلى صـدري فلـم ذلك؟" فقال لـه الرجل: "عجبت من خال يشف مـن تحت هذه الثياب." فضحك الموظـف ثم طـرح كمّ قميصه إلـى الرجل وقال لـه: "عـدد ما عليّ منهـا؟" فوجدها خمسة أقبيـة بعضها فوق بعض والخال يشف من تحتها. والذي هذه صفته من الحرير خام فقط، والذي يلبسه كبار الموظفين أرفع من هذا وأعجب."

"ومـا يختص الملك من الضرائب جاءت من الملح وحشيش يشربونه بالماء الحارّ ويبـاع منـه في كل مدينة بمال عظيم ويقال له الشاي وهو أكثـر ورقا من البرسيم وأطيب قليلا، وفيه مرارة فيغلى الماء ويذرّ عليه فهو ينفع كل عامة الناس."

"ولهم حجر منصوب وطوله عشرة أذرع مكتوبة فيه شروع في الحجر ذكرت الأدوية والأدواء– داء كذا دواؤه كذا. فإذا كان الرجل فقيرا أعطي ثمن الدواء من الحكومة."

"فسألنـاه عـن المدينـة التـي بها الملـك. وصفها فذكر سعـة البلد وكثـرة أهله وأنه مقسـوم على قسمين يفصل بينهما شارع طويل عريضـ، فالملك ووزيره وجنوده وقاضي القضاة وخصيان الملك وجميع الخدم في الجانب الأيمن منه وما يلي المشرق لا يخالطهم أحـد مـن العامة ولا فيـه شيء إلا جـدول وأشجار منتظمـة ومنازل فسيحـة. وفي الجانب الأيسر مما يلي المغرب الرعية والتجار والمتاجر والأسواق. وإذا وضح النهار رأيت قهارمة الملـك وغلمان داره من بين راكب وراجل قد دخل إلى الجانـب الذي فيه الأسواق والتجار، فأخذوا حوائجهم."

كثرت أخبـار الغربيين الذين زاروا الصين في الكتـب التاريخية في الفترات اللاحقة، ومـن المعـروف أن الرحالـة الإيطالي ماركو بولو ألـف كتابا مهما تحـت عنوان «رحلات ماركو بولو» في القـرن الثالث عشر، حيث روى فيه أحوال الصين في أسرة يوان الحاكمة، رغـم أن بعضـ الناس يشكون فيمـا إذا وصل حقـا إلى الصيـن، إذ أن بعضـ رواياته عن الصيـن كانـت أقـرب إلى خيالات أسطوريـة في نظر الغربييـن. وهو أمـر إن دل على شيء فإنمـا يدل على أن بدايـات الاحتكاك الصيني الغربي كانت مقرونـة بـالأوهـام والخيالات والاستغراب المتبادل.

ومنذ أواخر القرن السادس عشر، بدأت التبادلات المباشرة بين الصين والغرب، عندما

تدفق إلى الصين مبشّرون مسيحيون بعد أن تقدمت التكنولوجيا الملاحية وفُتحت طرق بحرية تربط بين الشرق والغرب. وكان أشهرهم الإيطالي ماتيو ريتشي (Matteo Ricci) الذي وصل إلى الصين عام ١٥٨٢ وتوفي في بكين عام ١٦١٠، وطوال فترة إقامته في الصين التي تمتد أكثر من ٢٠ سنة، لعب دورا كبيرا في تعزيز التبادل بين الشرق والغرب. وبالإضافة إلى عمله كمبشّر، أنجز مشروعين ذوي مغزى رمزي تاريخي: أحدهما ترجمة «الكتب الأربعة» في أمهات التراث الصيني إلى اللغة اللاتينية ووضع شروحات عليها في عام ١٥٩٤، والآخر ترجمة كتاب «العناصر» للرياضي اليوناني إقليدس بالتعاون مع شيوي قوانغ تشي العالم الصيني من فترة أسرة مينغ.

إن الترجمات الأولية لأمهات التراث الصيني مثل «الكتب الأربعة» التي تمت على أيدي المبشرين والمؤلفات التي ألفها بعض العلماء الغربيين عن الصين مثل «تاريخ الإمبراطورية الصينية» لباري دو هالد كشفت للغربيين حضارة غريبة عليهم، وأوجدت في الغرب "حمّى الصين"، الأمر الذي لفت أنظار مفكريه الكبار. ومنهم من يقدر الحضارة الصينية مثل لايبنتز وفولتير وكيوسناي، ومنهم من يقف من الحضارة الصينية موقفا سلبيا مثل مونتيسكيو وهيجل. لقد وجد لايبنتز في الحضارة الصينية ما يدعم بعض أطروحاته، إذ رأى أن الرموز المستخدمة في «كتاب التغيرات» في أسرة تشو تشبه إلى حد ما نظام الأرقام الثنائية الذي ابتكره. أما هيجل فكما ذكرنا في البداية، كان يحط من شأن الفلسفة الصينية استدلالا على حكمه بنظامه الفلسفي. ولكن، سواء أكان موقف الغربيين من الحضارة الصينية إيجابيا أم سلبيا، بالقبول أم بالرفض، فإن التبادلات الثقافية بين الصين والغرب تركت آثارا بالغة الأهمية. ومع انتقال العلوم والتكنولوجيا الصينية إلى الغرب وخاصة المخترعات الصينية الأربعة (صناعة الورق والبارود وفن الطباعة والبوصلة)، تغيرت مسيرة تاريخ العالم تغيرا كبيرا. ويقول في ذلك كارل ماركس: "إن البارود قد مزق الطبقة الفروسية إربا إربا، والبوصلة فتحت أبواب الأسواق العالمية وساعدت على إحداث المستعمرات، بينما أصبح فن الطباعة أداة لنشر البروتستانتية، ويمكن القول على الوجه الأعم إنها أصبحت وسيلة للنهضة العلمية، وأقوى رافعة لتوفير شروط إنماء الروح الخلاقة." ويقول الفيلسوف البريطاني فرانسس بيكون إن المخترعات الصينية الأربعة "غيرت وجه العالم بأكمله كما غيرت أحوال وظروف كل شيء."

٣

كانت الصين القديمة أنجبت للبشرية عددا كبيرا من العلماء العظماء، أمثال الرياضي تسو تشونغ تشي، الصيدلي لي شي تشن، الطبيب سون سي مياو، الفلكي تشانغ هنغ، العالم الموسوعي شن كوه، ومخترع فن الطباعة بالمقاطع المتحركة بي شنغ وغيرهم، وأبدعت عددا لا يحصى من النتائج العلمية والتكنولوجية مثل «مبادئ هامة لرفاهية الشعب» و«الفصول التسعة لفنون الرياضيات» و«الحميات والأمراض الأخرى» و«الخلاصة الوافية في العقاقير الشافية» الخ، كما أن من مفاخرها تلك العجائب التي لا تزال تبقى على أراضيها لتبهر العالم: المحلّقة الفلكية، مرسمة الزلازل، مشروع دوجيانغيان المائي، كهوف حجرية في دونغهوانغ، القناة المائية الكبرى، سور الصين العظيم... ولكن تصاريف الزمان تتقلب إلى أن أفل نجم الشرق وبزغت شمس الغرب في أواخر القرن الخامس عشر، ولم تمض إلا أربعة قرون على ذلك حتى تحولت أوربا المتخلفة إلى المركز الثقافي للعالم، وتفتخر بكل جدارة بعمالقة العلم أمثال البريطاني نيوتن، البولندي كوبرنيكوس، الألمانيين رونتجن وآينشتان، الفرنسية ماري كوري، الإيطالي غاليليو، الروسي مندلييف، إضافة إلى أديسون وفيرمي وغيرهما من الولايات المتحدة وغير هؤلاء ممن حظوا بمحبة واحترام لدى شعوب العالم.

وبدأ الصينيون يتساءلون: ما هي الأسباب الكامنة وراء صعود وهبوط الأمم؟ ولماذا تعرضت الصين لغزوات أوربية بالقنابل التي صنعت من البارود، أحد المخترعات الصينية!؟

هكذا أيقظت حرب الأفيون الصينيين من سباتهم، فنادى نخبة من الصينيين مثل لين تسه شيوي ووي يوان بـ"فتح العيون لمعاينة العالم"، وقاد آخرون مثل تسنغ قوه فان ولي هونغ تشانغ "حركة التغريب". ورفع المثقفون شعار "الديمقراطية والعلم" آملين اللحاق بركب العالم المتقدم. لقد أدرك الصينيون ذوي النفوس الكبيرة أن الصين متخلفة حقا، ولكنهم وجدوا في التخلف دوافع للتغيير والإصلاح، متطلعين إلى إيجاد سبل لتحقيق نهضة جديدة للبلاد. وأخيرا، توجت جهودهم بحلول عصر جديد يشهد النهضة الصينية مرة أخرى ويتحد فيه الشعب الصيني تحت شعار "المسيرة قدما نحو العلم".

في القرن الحادي والعشرين لم يعد العالم أجزاء متفرقة كما كان عليه في الماضي بل أصبح قرية كونية يرتبط كل جزء فيها بجزء آخر ارتباطا وثيقا. ويتضح اتجاه العولمة

الاقتصـاديـة يومـا بعد يـوم. وأصبح تاريـخ لأمة أو دولة مـن تاريخ العالم إلـى حد كبير أكثـر فأكثر. فلن يتحقق تقـدم أية ثقافة في عصر اليوم لو لم تأخـذ المقومـات الثمينة في الثقافات الأخرى. إن عملية استمداد الغرب من الثقافة الصينية أغذية مفيدة له في العصر الحديث لا تدل على انتشـار الثقافة الصينية في الغرب فحسب، بل تدل على قدرة الغرب على الإبداع والنمو أيضا. كذلك، فإن عملية امتصاص الثقافة الصينية من الثقافة الغربية أغذيـة مفيدة لها لا تعني انتشار الثقافة الغربية في الصين فقط، بل تعني في الوقت نفسه تحول الثقافة الصينية وتطورها في العصر الجديد. إن ثقافات كل الشعوب على هذه الأرض هـي إرث ثمين نتقاسمه جميعا كبشر. وإذا صح القول إن قارات العالم كانت في الماضي السحيق في تاريخ الكرة الأرضية قارة كبـرى مترابطة الأجزاء أو قريـة كونية متكاملة، فعلينـا في عصر الإنترنت، عصر التراكم المعرفـي والتحصيـل العلمي، أن نبنـي القرية الكونية الجديدة للبشرية عبر التعلم المتبادل والتنمية المشتركة.

إن الصيـن تأخـذ بسرعة متزايـدة المقومـات المفيدة فـي الثقافات الأخرى، كما أن ثقافـات العالم، غربيـة أم شرقيـة، تحتـاج إلى إثـراء نفسهـا بالأغذية الخاصـة بالثقافة الصينية. انطلاقـا من هـذا الإدراك، نظمنا نشر «سلسلة كنـوز التراث الصيني» الثنائية اللغـة الصينيـة والإنجليزيـة أو الفرنسيـة أو الأسبانيـة أو الروسية أو العربيـة أو الألمانية أو اليابانية أو الكوريـة أي بتسع لغات العالم حتى نعطي لقرائنا الأجانب صورة متكاملة عـن أمهات الثقافة الصينية التقليدية. وإننا نبغي من خلال نشر هذه الأعمال استعراض النتـاج الفكري للأمـة الصينية طوال الخمسـة آلاف سنة الماضية، كما ننـوي نقل رسالة إلـى العالم، وهي أن الشعب الصيني كمثـل عنقـاء تنبعث من تحت الرماد لتطير نحو شمس القرن الجديد.

يانغ مو تشي
أغسطس ١٩٩٩، بكين

ملاحظة المترجم

الشعر في أسرة يوان الملكية

أسرة يوان أسرة أسسها المنغول (1271–1368م). كان جنكيز خان أكبر خان وأعظم أصحاب القبائل المنغولية، قد قام بتوحيد القبائل في عام 6021 وأسس دولة للمنغول، ثم قاد جيشه لفتح المناطق الغربية الواسعة، وكان جيشه متكونا من الجنود المنغوليين أول الأمر، ثم صار مزيجا من عرقيات كثيرة في مناطق غربي آسيا وجنوبي أوربا. ومن أجل تعويض التفاوت الكبير في عدد السكان بين دولة المنغول وبلاد الصين الضخمة، حاول جمع أمراء حرب قومية هان في شمال الصين وولاهم مناصب عالية في الحكومة والجيش، وأغدق عليهم العطاء والنعم، حتى فاق الجيش المنغولي الجيش الصيني عددا وقوة، وأسقط أمبراطور الصين وأقام سلطة مركزية بالصين أخيرا.

نتيجة الاندفاع الشديد من العرقيات من غرب الصين إلى وسط الصين في هذا العصر، حدث التقاء واسع بين المنغولين والصينيين والعرقيات المجاورة الكثيرة، وبالتالي التقت الأشعار الصينية بالأشعار الأجنبية، فأصبحت صيغة التعددية ميزة العصر وصارت البحور أشد وفرة وتنوعا.

والشعر في هذا العصر متميز جدا، يسمى "تشوي"، لقد واصل هذا الشعر أسلوب الشعر لعصري تانغ وسونغ من جهة، ومن جهة أخرى بدأ يشع نور المقاومة والنضال ضد ظلمة المجتمع، بحيث أن مكانة المثقفين الصينيين منخفضة رديئة والطبقة الحاكمة جائرة مستبدة والمجتمع ظالم مضطرب. حينئذ، أصبح الشعر يرفع سنانه مشيرا إلى المظالم والمفاسد، ويدحض دحضا حادا العقلية البدوية التي يمثلها الحكام وهي تقديس الثروة والأموال دون إيلاء الاهتمام للقراءة والكتابة والثقافة والتعليم. فإن ظهور "تشوي" نفسه يدل إلى حد كبير روح المقاومة.

إذن، "تشوي" شكل من أشكال الشعر ساد في عصر أسرة يوان، يحتوي على أغان وتمثيليات، أما الأغاني، فكما كانت في العصور السابقة، وأما التمثيليات، فهي بادرة للمسرحيات الصينية يتميز موضوعها بالفكاهة والمرح، وشكلها غناء، وتطور بعد ذلك حتى صار شكلا دراميا. تتكون التمثيلية دائما من أربعة فصول، وقد تضم إليها بعض الطيات. كانت "تشوي" أغاني شعبية متدارجة في المدن، ولها بحور، لكن ليست مثل الأشعار السابقة ثابتة لا تتغير، بل لها نوع من المرونة، فقد تختلف واحدة إلى الأخرى، ولهذا السبب، حددت البحور أخيرا حسب ما كلماتها أقل وأبياتها أقصر. وهذا الكتاب جمع للأشعار دون التمثيليات.

سوف تجدون في هذا الكتاب أن شعر العصر يختلف كثيرا إذا قورن بالشعر السابق فأصبحت رموز البيت تكثر أو تقل، وكذلك عدد الأبيات، حتى الروية قد تكون غير موحدة. كما ستجدون في الكتاب أن لبعض القصائد عنوانَين يقعان في سطرين، العنوان الأول بعضها يترجم بالمعنى، وبعضه الآخر يترجم بالأحرف، بحيث من الصعب أن نجد أصله، والعنوان الثاني وهو اسم القصيدة الذي يدل على الغرض، وكل قصيدة لا بد لها لحن لكن قد لا يكون لها عنوان ثان.

المهم، إن نهضة "تشوي" في عصر أسرة يوان قد ساهمت مساهمة جليلة في تاريخ الأدب الصيني، وتركت تأثيرا بالغا، وقد تدفقت حيوية جبارة فور ظهورها، فلم تكن أداة مطوعة للمثقفين لإبداء ما في قلوبهم من المشاعر والعواطف فحسب، بل تعطي شكلا فنيا جديدا رائعا يمتع الناس ويرفه قلوبهم، ويعكس ما في الحياة الاجتماعية من الأحداث والقصص.

目　录

الفهرس

元好问

人 月 圆

卜居外家东园

（一）

重冈已隔红尘断，
村落更年丰。
移居要就：
窗中远岫，
舍后长松。

十年种木，
一年种谷，
都付儿童。
老夫惟有：
醒来明月，
醉后清风。

كمال القمر وجمع شمل البشر

اختيار الدار في ضاحية

(1)

لقد فصلتنا عن الدنيا سلاسل الجبال،
تعطينا القرية قناعة العيش ووفرة المحصول.
إذا أردت أن تنتقل:
فليس إلا إلى ذي كوة ترى منها خضرة التلال،
وأشجار الصنوبر التي تنمو وراء الحيطان.

الشجر ينشأ في حدود عشر السنين،
والأرز ينضج كل عام،
فلتترك الحراثة للصغار.
أما الهرم فليس له إلا:
أن يصحو مع أفول القمر،
أو يسكر مع برد الريح.

（二）

玄都观里桃千树，
花落水空流。
凭君莫问：
清泾浊渭，
去马来牛。

谢公扶病，
羊昙挥涕，
一醉都休。
古今几度：
生存华屋，
零落山丘。

(2)

ما أفخر زهر الخوخ داخل معبد شيواندو،
لكنه سقط وسار مع السيل الجاري.
لا داعي أن تسأل:
أالسيل عكر أم صاف،
أم الذي جاء أو راح حصان أم بقر.

عاد "شيه آن" وهو مريض،
دمع لوفاة ابن أخيه،
أما أنا فنسيت وجودي أو مماتي بعد السكر.
كم رجل جاء ثم مضى منذ القدم:
عاش في قصر منيف،
ودفن وحيدا في تربة تل.

5

الملاحظة: شيه آن: صديق الشاعر.

小圣乐

骤雨打新荷

（一）

绿叶阴浓，

遍池亭水阁，

偏趁凉多。

海榴初绽，

朵朵蹙红罗。

乳燕雏莺弄语，

有高柳鸣蝉相和。

骤雨过，

琼珠乱撒，

打遍新荷。

الفرح الصغير

سقوط المطر العاجل على براعم اللوتس

(1)

الأوراق خضراء والظلال كثيفة،

وما أريح الهواء

في الجواسق الكثيرة التي بنيت في حوض المياه.

أزهر شجر الرمان،

فيا لريحان زهره الزاهي.

يغرّد العصفور والبلبل،

ويا لوفاق صوت الزيز مع رفرفة الصفصاف.

مضى المطر حبات،

كدُرَرٍ تتناثر على الأرض،

فتغسل أوراق اللوتس الجديد.

（二）

人生百年有几，
念良辰美景，
休放虚过。
穷通前定，
何用苦张罗。
命友邀宾玩赏，
对芳樽浅酌低歌。
且酩酊，
任他两轮日月，
来往如梭。

(2)

من منا يعيش مائة عام،

فلتتفرج على جمال الطبيعة،

ولا تتركه يفوتك.

المصير مكتوب،

ولِمَ هذا الشغل المرير.

خذ يا صاحبي، مواعيد مع الأصدقاء،

لنشرب الخمر ونغن الألحان الحلوة،

لنسكر،

ونترك الشمس والقمر يتبادلان،

ويتداولان كالمغزل الدائر.

杨 果

小 桃 红

采莲女

（一）

满城烟水月微茫，

人倚兰舟唱。

常记相逢若耶上，

隔三湘，

碧云望断空惆怅。

美人笑道，

莲花相似，

情短藕丝长。

يانغ قوه

الفتاة الجميلة

الفتاة التي تقطف بذور اللوتس

(1)

الضباب يخيم المدينة ويشوه وجه القمر،
اتكأت الفتاة على جدار القارب تغني.
تذكر ذلك اللقاء على شاطئ نهر "رويه"،
وتسرح نظرها إلى التقاء الأنهار،
وإلى السحاب الصافي إلى البعد البعيد
حتى يغرقها الحزن اللامحدود.
حقا قد قالت وهي تضحك،
الشوق ليس إلا مثل جذر لوتس،
حجمه قصير وأليافه طويل ممتد.

الملاحظة: نهر "رويه" نهر داخل مدينة شاوشينغ لمقاطعة تشجيانغ.

（二）

采莲湖上棹船回，

风约湘裙翠。

一曲琵琶数行泪，

望君归，

芙蓉开尽无消息。

晚凉多少，

红鸳白鹭，

何处不双飞。

(2)

عادت بالمجداف من بحيرة اللوتس،
وهبت نسمات على تنورتها الجميلة،
فإذا لحن عود حزين يسيل دموعها،
إذ تمنت لو يعود حبيبها،
لكن قد انقطعت الأخبار وقد سقطت الأزهار.
برد الليل يضني القلب،
فانظر إلى مالك الحزين الأبيض وطير الماندرين الأحمر،
وكلاهما لا يطير إلا زوجان.

13

刘秉忠

干 荷 叶

（一）

干荷叶，

色苍苍，

老柄风摇荡，

减了清香。

越添黄。

都因昨夜一场霜，

寂寞在秋江上。

ورق اللوتس الجاف

(1)

ورقة لوتس جافة،

نصل لونها فغمق،

يتمايل جذعها اليابس مع الريح،

ولم تعد تفوح عطرا.

بل تزداد صفرة شيئا فشيئا،

وذلك لصقيع نزل الليلة،

يا للوحشية وهي وحيدة على نهر الخريف الساكن.

杜仁杰

耍孩儿

庄家不识构阑

（一）

风调雨顺民安乐，
都不似俺庄家快活。
桑蚕五谷十分收，
官司无甚差科。
当村许下还心愿，
来到城中买些纸火。
正打街头过，
见吊个花碌碌纸榜，
不似那答儿闹穰穰人多。

مداعبة الأطفال

الفلاح لا يعرف خشبة المسرح

(1)

هدأت الريح واعتدل المطر وفرح الشعب،
غير أن أكبر فرح فرح الفلاحين.
حصاد الحبوب وكثرة التوت ووفرة الحرير،
ولم يخسر أحد لحدث وقع فيزور الحاكم.
يصلى للمعبود ويتمنى الأمنيات،
وقد ابتاع لأجله البخور والأوراق.
بينما سار في الشارع،
ورأى لافتة ملونة معلقة فوق خشبة،
وناسا كثيرين يتفرجون على المسرح.

（二）【六煞】

见一个人手撑着椽做的门，
高声的叫"请请"，
道"迟来的满了无处停坐"。
说道"前截儿院本《调风月》，
背后么末敷演《刘耍和》"。
高声叫"赶散易得，
难得的妆哈"。

(2) ليو شا

رأيت رجلا يستند إلى إطار الباب الخشبي،
ويقول بصوت عال: "تفضل تفضل!"
"سوف لا تجد مكانا خاليا إذا تأخرت".
"كانت المقدمة بعنوان 'تياو فنغ يويه'، والمؤخرة ستكون 'ليو شوا خه'".
"ادخل بسرعة وقد انصرف الناس،
تعالوا ما أحسن الفرصة لمشاهدة المسرح".

الملاحظة: "تياو فنغ يويه" و"ليو شوا خه" اسما تمثيليتين مشهوريتين في العصر.

王和卿

醉中天

咏大蝴蝶

弹破庄周梦，
两翅驾东风。
三百座名园，
一采一个空。
谁道风流种，
唬杀寻芳的蜜蜂。
轻轻的飞动，
把卖花人扇过桥东。

وانغ خه تشينغ

السكران

أنشودة لفراشة كبيرة

تيقظ تشوانغ تشو فجأة من حلمه الجميل،
وكان قد تحول إلى فراشة تحرك الجناحين فتركب الهواء.
مرت بمئات البساتين خلال لحظة،
وجمعت العسل كله مرة.
أتقول إنها جذابة كثيرة الهوى،
وقد خوَّفت قطيع النحل فأبعدتْه عن الزهر.
هي ترفرف الجناحين وتطير بخفة،
وقد طردت بائع الزهر إلى شرق الجسر.

الملاحظة: "تشوانغ تشو": أو تشوانغ تسي، حكيم صيني في عصر الممالك المتحاربة قبل أكثر من ألفي سنة، ودعا إلى مذهب الطاوية للاو تسي، ورأى أن الواقع حلم والحلم واقع.

小 桃 红

江岸水灯

万家灯火闹春桥，
十里光相照，
舞凤翔鸾势绝妙。
可怜宵，
波间涌出蓬莱岛。
香烟乱飘，
笙歌喧闹，
飞上玉楼腰。

الفتاة الجميلة

فوانيس على شاطئ النهر

فوانيس البيوت تسخن جو الشاطئ،
وتتجاوب أضواؤها فتضيء أميالا،
فترى أنثى العنقاء تطير وذكرها يسابقها.
فما أجمل الليلة!
فإذا بجزيرة بونغلاي تطلع من بين الأمواج.
والدخان العطري يسبح بحرية،
ولحن المزامير يصدح فيعلو
حتى تسلق إلى أعلى البرج.

الملاحظة: جزيرة بونغلاي هي جزيرة في الجنة في بعض الأساطير الصينية.

小 桃 红

杂 咏

杏花开候不曾晴，

败尽游人兴。

红雪飞来满芳径。

问春莺，

春莺无语风方定。

小蛮有情，

夜凉人静，

唱彻醉翁亭。

الفتاة الجميلة

بلا عنوان

لم تطلع الشمس عندما تفتح الزهر،

فخاب أمل المتفرجين ونالهم الحسر.

لما طار الزهر مع الريح كالثلج غطى الدروب بالعطر.

سل بلبلا آتيا،

فسكت إذ لم تهدأ ريح العصر.

من هذه الحسناء،

ظلت تغني داخل الجوسق وصوتها يتردد،

وقد برد الليل وسكن البشر.

25

商 挺

潘妃曲

带月披星担惊怕，
久立纱窗下，
等候他。
蓦听得门外地皮儿踏，
则道是冤家。
原来风动荼蘼架。

لحن محظيّة ملكيّة بان

تلبس في رأسها القمر وفي جسدها النجوم وهي خائفة،
تقف طويلا قرب ستار نافذة من شاشة،
منتظرة أن يعود.
فجأة صافحت أذنيها وقعات تدق الأرض خارج الباب،
تظن أنه قد عاد.
لكنها هزات الكرم بهبة الريح.

胡祇遹

沉醉东风

渔　樵

渔得鱼心满愿足，
樵得樵眼笑眉舒。
一个罢了钓竿，
一个收了斤斧，
林泉下偶然相遇，
是两个不识字
渔樵士大夫。
他两个笑加加的
谈今论古。

لحن ريح الشرق

الصياد والحطاب

الصياد كسب السمك فاقتنع،
والحطاب جمع الحطب فارتاح.
الأول ترك سنارته،
والثاني خزن فأسه،
تصادف قرب عين بالغابة،
كلاهما أميّ لا يعرف القراءة
أحدهما صياد والآخر حطاب.
لكنهما يضحكان مقهقهين
يعلقان على الماضيين والحاضرين.

伯 颜

喜 春 来

金鱼玉带罗襕扣，
皂盖朱幡列五侯。
山河判断在俺笔尖头。
得意秋，
分破帝王忧。

الفرح بمجيء الربيع

رداء حريري منقوش بالسمك الذهبي وحزام مرصع باليشم،

وعربة سوداء عليها رايات حمراء تزاحم عربات كبار القادة.

إني كقائد أقرر مصير البلد.

ما أجمل هذا الزمن،

لم يعد الأمبراطور يخاف على الوضع.

الملاحظة: الكاتب بوه يان من قومية منغوليا لقد قاد جيشا واحتل عاصمة أسرة سونغ الملكية

ناجين. كتب القصيدة وهو في غاية الفرح.

王 恽

平 湖 乐

尧庙秋社

社坛烟淡散林鸦，
把酒观多稼。
霹雳弦声斗高下，
笑喧哗，
壤歌亭外山如画。
朝来致有，
西山爽气，
不羡日夕佳。

大中华文库

الفرح على البحيرة الهادئة

عيد الخريف للصلاة على جد الأجداد

ارتفع دخان بخورات المعبد فبعدت الغربان،
أتفرج على المحاصيل الناضجة بينما أتذوق خمري.
يتسابق الناس في مهارة العزف فيا للروعة،
ويضحكون ويصرخون بكل بهجة،
والمناظر الجبلية خارج الفرح رائعة كلوحة.
أتينا صباحا وبقينا،
مع هواء منعش للجبال،
لم يمض حتى حان المغيب.

卢 挚

沉醉东风

秋 景

挂绝壁松枯倒倚，
落残霞孤鹜齐飞。
四围不尽山，
一望无穷水。
散西风满天秋意。
夜静云帆月影低，
载我在潇湘画里。

لحن ريح الشرق

مناظر الخريف

يعلق صنوبر جاف مقلوبا بجرف كجدار،
ويطير بط بري مع بضع صفحات من السحاب.
حواليك جبال خضراء متتالية غير متناهية،
وتحت العينين مياه شاسعة صافية لا ترى الحدود.
تهب الريح الغربية فيسود البرد الآفاق.
والليل يسكن وضوء القمر ملقى على الشراع،
والقارب ينقلني إلى "شياوشيانغ" لوحة الجمال.

الملاحظة: "شياوشيانغ": مقاطعة هونان، مسقط رأس الشاعر. كان في طريق العودة إليها عن النهر.

沉醉东风

闲 居

恰离了绿水青山那答，
早来到竹篱茅舍人家。
野花路畔开，
村酒槽头榨。
直吃的欠欠答答。
醉了山童不劝咱，
白发上黄花乱插。

لحن ريح الشرق

الراحة بالبيت

غادرت الجبال الخضراء والمياه الصافية هناك،

ووصلت إلى بيت وهو كوخ من الخيزران.

الزهور تغطي السبيل،

والخمور أول ما يقطر بالحانوت.

احتسيت حتى لم أتماسك خطواتي.

لم يمنعني من الشرب ذلك الولد،

بل نثر على شعري الشائب صفرة الزهور.

蟾 宫 曲

扬州汪右丞席上即事

江城歌吹风流，

雨过平山，

月满西楼。

几许华年，

三生醉梦，

六月凉秋。

按锦瑟佳人劝酒，

卷朱帘齐按凉州。

客去还留，

云树萧萧，

河汉悠悠。

لحن القمر

على مائدة وانغ يو تشنغ بيانغتشو

ما أروع الرقص والغناء لمدينة يانغتشو،
لقد رش المطر "معبد بينغشان" القديم،
وملأ القمر بضوئه كل القصور.
كم سنة مضت،
كلها حلم بعد السكر،
لقد مضى الصيف وحل البرد بالتدريج.
عزفت المطربة بينما قدمت لك الخمر مرة تلو الأخرى،
ها هي رفعت الستائر، وغنت تلك الأغاني عن "ليانغ تشو".
ذهب الزبون ثم رجع،
وظل الشجر يتمايل بين رياح الخريف،
ونجوم المجرة تشعشع وهي بعيدة خالدة.

الملاحظة: "معبد بينغشان" اسم معبد في شمال الصين. "ليانغتشو": أكبر ثغر واقع في شمالي الصين، وقد وقع في أيدي المغول، فحزن الشاعر وجميع أبناء قومية هان عليه ذلك العصر.

殿 前 欢

酒杯浓，

一葫芦春色醉山翁，

一葫芦酒压花梢重。

随我奚童，

葫芦干、

兴不穷。

谁人共？

一带青山送。

乘风列子，

列子乘风。

فرح القصر

الخمر العتيق يفوح العطر،
قرع من مناظر الربيع البهية،
وقرع من حلاوة الخمر الشهية.
والغلام الذي يتبعني،
احتس ما في القرع،
وطلب قدحا وقدحا،
فمن يوصلني إلى بيتي؟
فلتتفضل الجبال الخضراء توصلني.
كأني ملاك ينزل من السماء العالية،
بعربة تجرها الرياح القوية.

陈草庵

山坡羊

叹 世

晨鸡初叫，

昏鸦争噪，

那个不去红尘闹？

路遥遥，

水迢迢，

功名尽在长安道，

今日少年明日老。

山，依旧好；

人，憔悴了！

الغنم على التلّ

التحسر على الدنيا

صاح ديك بالصبح،

وضج الغراب ضجيجا،

فمن يبتعد عن نزاعات الدنيا؟

الطريق بعيد،

والنهر طويل،

طريق "تشانغآن"، هو المؤدي إلى المآثر والمناصب،

شاب أنت اليوم وشائب غدا.

الجبل يظل شامخا؛

أما المرء فقد هرم.

四块玉

别　情

自送别，

心难舍，

一点相思几时绝。

凭阑袖拂杨花雪。

溪又斜，

山又遮，

人去也。

أحجار كريمة أربعة

الشعور عند الفراق

ودعته فبقيت وحدي،

والألم يمزق قلبي،

إلى أين تمتد إليه خيوط شوقي.

نفضت ما سقط على أكمامي من زهر الحور وأنا على الدرابزين مستند.

ورأيت الجدول قد انطوى به،

والجبل قد حجب جسمه عن بصري،

لقد رحل.

四块玉

闲　适

（一）

意马收，

心猿锁。

跳出红尘恶风波，

槐阴午梦谁惊破。

离了利名场，

钻入安乐窝，

闲快活。

أحجار كريمة أربعة

الراحة

(1)

أمسكت بعنان الخفقان،

وأطفأت لهيب النيران.

فتخلصت من أمواج الشر في هذه الدنيا،

من كسر حلمي لما نلت راحة تحت ظل شجر الرماد.

تركت ميدان النزاع لأجل المنافع والمناصب،

ودخلت كوخي السعيد،

فما أريح حياتي.

الملاحظة: شجرة الرماد: شجرة وارفة الظل كثيرة في شمالي الصين.

（二）

南亩耕，

东山卧，

世态人情经历多。

闲将往事思量过。

贤的是他，

愚的是我，

争什么！

(2)

أزرع في حقول الجنوب،

وأرقد شرقا على التلال،

كدت أجرب حالات الدنيا كلها.

تفرغت الآن فرجعت أدقق في الأمور.

هو ذكي حكيم،

وأنا جاهل بليد،

ولم النزاع!

沉醉东风

咫尺的天南地北，
霎时间月缺花飞。
手执着饯行杯，
眼阁着别离泪。
刚道得声"保重将息"，
痛煞煞教人舍不得。
"好去者
望前程万里！"

لحن ريح الشرق

كان قريبا وفجأة بعد كل البعد،

كأن القمر نقص والزهر طار عن الشجر،

أمسكت عند الوداع بالقدح،

واغروقت عيني بدموع لبعد السفر.

ما إن قلت صحة وعافية وأنت ترحل،

حتى تألم قلبي بفراق أعز من في عمري.

سلام عليك.

ولك توفيقا ونجاحا!

碧玉箫

（一）

膝上琴横，
哀愁动离情。
指下风生，
潇洒弄清声。
锁窗前月色明，
雕阑外夜气清。
指法轻，
助起骚人兴。
听，
正漏断
人初静。

الناي اليشمي

(1)

القيثارة على ركبتي،
والهموم لابتعاده تثير شجوني،
وأصابعي جاءت بريح،
فبدأت تضرب الأوتار فترسل روعة الألحان.
القمر ينير الشباك وقد تجمد لأصواتي،
والهواء النقي يكسح السور ويزيل الغبار.
حركات الأصابع كانت خفيفة،
لكنها تثير في القلب الشجون.
اسمع،
سكت البندول المنساب،
ودخل الناس في سكون.

（二）

席上尊前，
衾枕奈无缘。
柳底花边，
诗曲已多年。
向人前未敢言，
自心中祷告天。
情意坚，
每日空相见。
天！
甚时节
成姻眷？

(2)

رأيتك إما في الفرح وإما أمام والديك،

لكن الحظ لم يأت ووسادتي لا تزال خالية.

مكثنا تحت الصفصاف ووقفنا قرب الزهور،

وتبادلنا الأشعار سنين عديدة.

لم أجرؤ أن أعلن حبنا في مشهد الناس،

بل أناجي السماء بقلبي العزيم.

وإرادتي لن تنثني،

وإن نلتق كل يوم عبثا بلا خبر.

يا سماء!

متى

يربط بيننا عقد الزواج؟

一 枝 花

不 伏 老

（一）

攀出墙朵朵花，

折临路枝枝柳。

花攀红蕊嫩，

柳折翠条柔。

浪子风流。

凭着我折柳攀花手，

直煞得花残柳败休。

半生来折柳攀花，

一世里眠花卧柳。

عود من الزهر

لست شيخا

(1)

أقطف الزهور التي تطلع فوق الجدار،

وأكسر فروع الصفصاف الذي يقف جنب الطريق.

ما أحلى براعم الزهور الناضرة،

وما ألين أغصان الصفصاف.

كم كنت شابا لطيفا كثير المحبوب.

بيدي التي تقطف وتثني،

ذبلت الزهور وانكسرت الفروع فيا لحسرتي.

قضيت نصف عمري وأنا القاطف والكاسر،

وأنا أضاجعها طوال حياتي.

白 朴

寄 生 草

饮

长醉后方何碍，
不醒时有甚思。
糟腌两个功名字，
醅渰千古兴亡事，
曲埋万丈虹霓志。
不达时皆笑屈原非，
但知音尽说陶潜是。

大中华文库

العشب البري

الشراب

ما لي أن أشرب فأسكر طويلا،
وما قيمة التفكير لو لا أفيق.
ما أقبح لفظَتي "المأثرة والمنصب"،
وقد دنسهما الخمر وأنساك كل الأخبار،
وقتل الخميرُ عظمة العزم وبُعد الطموح.
سخر الناس من "تشيوي يوان" إن لم يبلغ الهدف،
لكن الفاهمون العقلاء أيَّدوا "تاو تشيان" وقالوا أجل.

الملاحظة: "تشيوي يوان"330–278ق.م أكبر شاعر في عصر الممالك المتحاربة. و"تاو تشيان": له اسم آخر "تاو يوان مينغ"327–365 م شاعر كبير في عهد أسرة جين الشرقية، كان قد رجع إلى مسقط رأسه مبتعدا عن القصر ومتخذا الخمر صاحبا.

天 净 沙

春

春山暖日和风，
阑干楼阁帘栊，
杨柳秋千院中。
啼莺舞燕，
小桥流水飞红。

لحن تيان جينغ شا

الربيع

أقبل الربيع فدفئت الشمس وهدأت الريح،

رفعت الفتاة ستار الشباك لتطل على التحت،

فإذا بالصفصاف يتمايل بين الرياح والأرجوحة تتأرجح في الفناء.

والسنونو يحلق والبلبل يغرد،

والجدول يغني تحت الجسور، وعلى سطح الماء حمرة الزهور.

天 净 沙

秋

孤村落日残霞，
轻烟老树寒鸦，
一点飞鸿影下。
青山绿水，
白草红叶黄花。

لحن تيان جينغ شا

الخريف

غربت الشمس وتلاشى الشفق وترك لونا خفيفا على قرية منعزلة،
ارتفع دخان الطبخ إلى الأعلى ووقف الغراب على شجرة هرمة منحنية،
نزل بط بري من الأعلى ثم طار محلقا يشق العنان.
فانظر إلى المحيط تر الجبال خضراء والماء صافيا،
والأبيض زهر القصب والأحمر قيقب والأصفر زهر الأقحوان.

63

沉醉东风

渔　夫

黄芦岸白蘋渡口，
绿杨堤红蓼滩头。
虽无刎颈交，
却有忘机友。
点秋江白鹭沙鸥。
傲杀人间万户侯，
不识字烟波钓叟。

لحن ريح الشرق

الصياد

انتشر القصب الأصفر على الشاطئ والزهر الأبيض في الميناء،

والصفصاف الأخضر يقف عند الضفاف والبطباط الأحمر في الماء الضحيل.

إن لم يكن بيننا ود شقيق،

وصلة الصديق بصديق.

فلنُعدّ النوارس كم عددها في نهر الخريف.

والصيادون الأمية الذين يعملون بين ضباب الماء،

يزدرون في هذه الدنيا بأصحاب الملايين.

姚 燧

凭 阑 人

寄 征 衣

欲寄君衣君不还，
不寄君衣君又寒。
寄与不寄间，
妾身千万难。

المتأمل

بعث زي للمسافر

لو بعثت له زيا فلن يرجع،
ولو لم أبعثه له فسيشعر بالبرد.
أأبعثه له أم لا،
إني مترددة.

刘敏中

黑漆弩

村居遣兴

长巾阔领深村住，
不识我唤作伧父。
掩白沙翠竹柴门，
听彻秋来夜雨。
闲将得失思量，
往事水流东去。
便宜教画却凌烟，
甚是功名了处？

القوس بالطلاء الأسود

إبداء الشعور في منزل ريفي

نزلت في الريف وأنا في زي منزلي ومنديل رأس عادي،
والذي لا يعرفني يناديني بالبدوي الجاهل.
أغلقت باب الكوخ،
وسمعت صوت المطر طوال الليل.
حاولت مراجعة ما مر عليَّ من أمور بين الفوز والخسر،
وقد فات كل ما مضى كالسيل الجاري تجاه الشرق.
حتى لو سجلوا إسمي في قصر عال،
فهل للمآثر العظيمة من غاية؟

庚天锡

雁儿落过得胜令

（一）

从他绿鬓斑，
欹枕白石烂。
回头红日晚，
满目青山矸。

سلسلة تصدر عن المجلس الوطني للثقافة والفنون والآداب الكويت

من الشعر الصيني

الفوز بالمعركة

(1)

ليتني أراه يتحول من شاب إلى شائب،
وأراني أتخذ الصخرة حتى تتلف.
أدير رأسي وأنظر آخر شعاع للشمس،
ويميل الجبل إلى لون نيلي.

马致远

大中华文库

四块玉

浔阳江

送客时，
秋江冷。
商女琵琶断肠声。
可知道司马和愁听。
月又明，
酒又醒，
客乍醒。

أحجار كريمة أربعة

نهر شيونيانغ

ما أقسى ريح النهر،
وأنا في توديع صاحبي المقرَّب.
تعزف صاحبة العود لحنا مؤلما.
أتعرف أني أستمع إليها وأنا مكتئب.
عاد القمر يشعشع،
والسُكر ينتابني،
بينما استيقظ صاحبي.

天 净 沙

秋 思

枯藤老树昏鸦，
小桥流水人家，
古道西风瘦马。
夕阳西下，
断肠人在天涯。

لحن تيان جينغ شا

الحنين في موسم الخريف

كرمة يابسة وشجرة هرمة وغراب ناعق،

جسر صغير وسيل جار وبيوت ناس،

طريق قديم وريح غربية وحصان جائع،

الشمس تغرب،

والمسافر المنكسر في طريق مجهول.

清江引

野兴

绿蓑衣紫罗袍谁是主，

两件儿都无济。

便作钓鱼人，

也在风波里。

则不如寻个稳便处闲坐地。

مقدمة اللحن

متعة النزهة

لا دخل لي إذا ما لبست رداءً أخضر من خيزران أم جلبابا بنفسجيا من حرير،

إني صياد،

أنظر إلى أمواج النهر.

فالأفضل لي أن أجد مكانا هادئا حيث أجلس.

77

大中华文库

寿阳曲

山市晴岚

花村外，
草店西，
晚霞明雨收天霁。
四围山一竿残照里，
锦屏风又添铺翠。

لحن العمر المديد

الصحو بعد المطر

خارج القرية الكثيرة الزهور،

وغربي المحل الصغير،

الشفق المسائي بعد المطر يبهى العيون.

تضيء الشمس القمم المحيطة بشعاعها الرقيق،

فما أجمل حواجز الجبال بخضرة الحشيش.

寿阳曲

远浦帆归

夕阳下，
酒旆闲，
两三航未曾着岸。
落花水香茅舍晚，
断桥头卖鱼人散。

لحن العمر المديد

عودة السفينة

تحت أشعة شمس المغيب،
قُرب حانوت فارغ من الزبون،
ترى بضع سفن لم تصل الميناء.
وقد ساد عطر الزهر هواء البيوت،
وانصرف باعة السمك عن الجسر المقطوع.

大中华文库

寿 阳 曲

潇湘夜雨

渔灯暗，
客梦回，
一声声滴人心碎。
孤舟五更家万里，
是离人几行情泪。

لحن العمر المديد

مطر الليل

تضاءل قنديل الصياد،
حلمت بالعودة إلى البلاد،
ودق صوت المطر قلبي المنكسر.
لقد شط المزار وهاج الحنين وأنا على قارب صغير،
وما العمل إلا سكب سطور من الدموع.

赵孟頫

后庭花

清溪一叶舟，
芙蓉两岸秋。
采菱谁家女，
歌声起暮鸥。
乱云愁，
满头风雨，
戴荷叶归去休。

لحن العهد الماضي

قارب يطوف على الجدول الصافي،
زهر اللوتس الذابل ينذر بالخريف.
من الفتاة التي تقطف الكستناء،
تغني فيطير النورس العائد.
فإذا بغيم يتموج،
ومطر هاطل مع الريح،
فقال لها شخص: ضعي ورقة لوتس على الرأس وارجعي للراحة.

王实甫

十二月过尧民歌

别　情

（一）

自别后遥山隐隐，
更那堪远水粼粼。
见杨柳飞绵滚滚，
对桃花醉脸醺醺。
透内阁香风阵阵，
掩重门暮雨纷纷。

الشهر الـ12، وغناء ياومين

الفراق

(1)

منذ فراقنا ما رأيت إلا جبالا متتالية وضبابا يشوه المنظر،

وما رأيت إلا جريان مياه النهر الجارف للبعيد القاصي.

وزهور الصفصاف والحور كالقطن يتطاير،

ووجوه الخوخ وردية كأنها سكُرَت من الخمور.

رب ريحان يخترق المنزل بين حين وحين،

فأغلقت الأبواب على المطر الغزير في العشاء.

87

（二）

怕黄昏忽地又黄昏，

不销魂怎地不销魂？

新啼痕压旧啼痕，

断肠人忆断肠人！

今春，

香肌瘦几分，

搂带宽三寸。

(2)

خفت من العشاء والعشاء يعودني،

فكيف أقضيه والهموم الكثيفة يكبدني؟

غسلت الدموع الجديدة أثر دموع على وجهي،

وكلانا حزين يتذكر الحزين!

هذا الربيع،

قد ضعف جسمي،

وطال حزامي.

滕宾

普天乐

翠荷残，
苍梧坠。
千山应瘦，
万木皆稀。
蜗角名，
蝇头利，
输与渊明陶陶醉。
尽黄菊围绕东篱，
良田数顷，
黄牛一只，
归去来兮。

فرح الدنيا

يبس ورق اللوتس الأخضر،
وسقط ورق الإندوس الهرم.
فكأن الجبال نحفت،
والأشجار ندرت.
ما هذا الاسم مثل قرن الحلزون،
وما ذلك النفع مثل رأس الذباب،
فإني أقل من "تاو يوان مينغ" حكمة.
رغم أن الزهر يلتف بداري،
ولي أرض تعد بالهكتار،
وبقرة واحدة،
تروح وتعود كل يوم.

الملاحظة: "تاو يوان مينغ" شاعر ومفكر مشهور لعصر أسرة جين الشرقية للصين، وقد كتب كثيرا من الشعر والنثر عن عالم الأفاضل.

邓玉宾

叨叨令

道　情（一）

白云深处青山下，
茅庵草舍无冬夏。
闲来几句渔樵话，
困来一枕葫芦架。
您省的也么哥，
您省的也么哥？
煞强如风波千丈
担惊怕。

الحسرة

إبداء الشعور(1)

داخل عمق السحب وتحت سفح الجبل،
بنيت كوخا من القش ونزلت فيه لقضاء الشتاء والصيف،
لما تفرغت تحدثت مع الصياد أو الحطاب،
ولما نعست رقدت تحت كرمة القرع.
أتعرف يا أخي؟
أتعرف يا أخي؟
هذا أفضل بكثير من القلق والخوف
وأنت في النزاع مع هول الموج.

叨叨令

道　情（二）

一个空皮囊

包裹着千重气，

一个干骷髅

顶戴着十分罪。

为儿女使尽些拖刀计，

为家私费尽些担山力。

您省的也么哥？

您省的也么哥？

这一个长生道理何人会？

الحسرة

إبداء الشعور(2)

كيس أجوف من الأديم

ملؤه هواء من هموم المرء،

هيكل من العظام

يحمل ثقل الإثم.

بذلت كل ما في الوسع من أجل البنت والولد،

كددت وتعبت من أجل كسب شيء للبيت.

أتعرف يا أخي؟

أتعرف يا أخي؟

من يفهم حقيقة التزهد لإطالة العمر؟

阿里西瑛

殿前欢

懒云窝

（一）

懒云窝，
醒时诗酒醉时歌。
瑶琴不理抛书卧，
无梦南柯。
得清闲尽快活。
日月似撺梭过，
富贵比花开落。
青春去也。
不乐如何。

فرح القصر

في مكتبتي "لانيون"

(1)

مكتبتي "لانيون"،

لما صحوت نظمت الشعر ولما سكرت أنشدته.

أفضل الراحة على العزف و الكتب.

ولن أحلم بتولي عالي المنصب.

دعني أعش كما أحب طالما أتاحتني الراحة.

وما أسرع تعاقب الشمس والقمر،

والأسرع منه سقوط الغنى والفخر.

لقد بَعُدَ الشباب،

فلمَ لا تضحك.

97

الملاحظة: مكتبتي "لانيون": اسم مكتبة الشاعر.

冯子振

鹦鹉曲

别 意

花骢嘶断留侬住，
满酌酒劝据鞍父。
柳青青万里初程，
点染阳关朝雨。
［幺］怨春风雁不回头，
一个个背人飞去。
望河桥敛衽频啼，
早蓦到长亭短处。

الببغاء

الفراق

صهل الجواد حتى أوقف الفارس عن السير،
وملأت الكأس بالخمر لمنع الراكب من السفر.
طال الطريق وقد اخضرّ الصفصاف في المنطلقِ،
إنذارا من مطر غزير سينزل في الثغر.
آه، أتلوم نسيم الربيع إذ السنونو يطير ولا يدور بالرأس،
طار واحدا تلو الآخر وراء ظهري.
شددت حصاني ورتبت زيي وسرحت بصري،
وفوجئت أني قد وصلت إلى آخر كشك.

الملاحظة: آخر كشك: هو المستراحة الأخيرة قبل السفر الطويل وطار السنونو وراء ظهري أي طار لجهة وسار الشاعر لجهة أخرى.

珠帘秀

寿阳曲

答卢疏斋

山无数，
烟万缕，
憔悴煞玉堂人物。
倚篷窗一身儿活受苦，
恨不得随大江东去。

لحن العمر المديد

معارضة للو شو تشاي

الجبال عددها لا يُحصى،

والدخان له آلاف الخيوط،

ما رأيت قط وجهك المليح.

فتعذبت ألما مستندة إلى الشباك،

عسى أن أرمي نفسي في النهر متسايرا معه تجاه الشرق.

贯云石

塞鸿秋

代人作

战西风几点宾鸿至，
感起我南朝千古伤心事。
展花笺欲写几句知心事，
空教我停霜毫半晌无才思。
往常得兴时，
一扫无瑕疵。
今日个病厌厌
刚写下两个相思字。

الإوز البري المهاجر

بالنيابة عن صديق

حضر عدد من البط الطائر متحديا الريح الهوجاء،

والأمر يذكرني ما وقع من مآس في أسرة جنوبي البلاد.

فبسطت ورقة مزخرفة أكتب ما في قلبي من الأمور،

لكن توقفت إذ لم يخطر ببالي أية نية للخطاب.

عندما كنت أنظم الشعر، لم أتردد حتى أكمل نصوصي،

لما راجعتها، ما وجدت من عيب ولا خلل.

لكني اليوم مريض كسول،

فلم أخط إلا لفظ حنين.

蟾宫曲

送 春

问东君何处天涯？

落日啼鹃，

流水桃花，

淡淡遥山，

萋萋芳草，

隐隐残霞。

随柳絮吹归那答，

趁游丝惹在谁家。

倦理琵琶，

人倚秋千，

月照窗纱。

لحن القمر

توديع الربيع

أين مرجعك يا أيتها الشمس؟

يغرد الوقواق عند المغيب،

ويسير زهر الخوخ مع السيول،

ألاحظ الجبل من بعد،

فإذا الأرض فُرشت بالحشيش،

وشفق المساء يكاد يختفي.

هل تعود مع زهر الصفصاف الذي يسبح،

أم ترتبط بحبل معلق فتسقط في منزل.

لم ألمس عودي لأعزفه،

بل أسند نفسي على أرجوحة،

وأرى شعاع القمر الساقط في شاشة بيتي.

الملاحظة: طائر الوقواق في الحضارة الصينية يرمز إلى معنى العودة.

清 江 引

咏 梅

南枝夜来先破蕊，

泄露春消息。

偏宜雪月交，

不惹蜂蝶戏。

有时节暗香来梦里。

مقدمة اللحن

الغناء بزهر البرقوق

يتفتح برعم الزهر في عز الليل،
ويفشي بخبر الربيع.
يحب أحمر البرقوق أن يصاحب أبيض الثلج،
ولا يداعب الفراشات ولا النحل.
وأحيانا يطرق عطره باب حلمي.

107

得胜令

四月一日喜雨

万象欲焦枯，
一雨足沾濡。
天地回生意，
风云起壮图。
农夫，
舞破蓑衣绿；
和余，
欢喜的无是处。

تشانغ يانغ هاو

الفوز بالمعركة

غيث في أول الشهر الرابع

كادت الكائنات تحترق،
فجأة تبللت رغم قلة الرذاذ.
كأن الأرض عادت للحياة،
والريح والسحب رسمت لوحة الأحياء.
الفلاح،
بدأ يرقص حتى تمزقت ممطرته؛
وأنا،
كدت بالفرح لا أعرف أين مكاني.

ملاحظة : الممطرة : ثياب يلبس أثناء المطر، ولا ينفذ منه الماء.

山坡羊

潼关怀古

峰峦如聚，
波涛如怒。
山河表里潼关路。
望西都，
意踌蹰。
伤心秦汉经行处，
宫阙万间都做了土。
兴，
百姓苦！
亡，
百姓苦！

الغنم على التلّ

ذكرى الماضي في ثغر تونغقوان

احتشدت الجبال،

وغضبت الأمواج.

ويمتد طريق "تونغقوان" بين الجبال والأنهار.

أتطلع إلى "العاصمة الغربية"،

وأنا متردد.

حيث أحزن لأجداد أسرتي "تشن وهان"،

وأحزن للقصور الشاهقة التي صارت أطلالا.

النهوض،

شقاء لعامة الشعب!

والسقوط،

شقاء لعامة الشعب!

111

الملاحظة: طريق "تونغقوان" هو الطريق المؤدي إلى مدينة شيآن التي كانت العاصمة،
والعاصمة الغربية هي شيآن اليوم وكانت مدينة لويانغ شرقها تعتبر عاصمة ثانوية. وأسرتا تشن
وهان من أشهر الأسر الحاكمة في الصين.

朝 天 曲

柳堤，

竹溪，

日影筛金翠。

杖藜徐步近钓矶。

看鸥鹭闲游戏。

农父渔翁，

贪营活计，

不知他在图画里。

对这般景致，

坐的，

便无酒也令人醉。

تحية للإمبراطور

رصيف عليه صفصاف،

جدول جنبه خيزران،

كأن الأوراق غربال يحوّل الشمس إلى خيوط ذهبية تفرش الحقول.

مشيت ببطء على عصا لأقترب من مصطبة للصياد،

وأنظر إلى ألعاب مالك الحزين.

الفلاحون والصيادون،

يشتغلون بالعمل،

ولا أحد يعرف أنهم في لوحتي.

أمام هذا المنظر الشائق،

حتى لو جلست،

دون خمر، أسكر وأنشرح.

白　贲

鹦鹉曲

侬家鹦鹉洲边住，
是个不识字渔父。
浪花中一叶扁舟，
睡煞江南烟雨。
[幺] 觉来时满眼青山，
抖擞绿蓑归去。
算从前错怨天公，
甚也有安排我处。

الببغاء

أصبحت صيادا وأنا أميّ،
أسكن جانب وادي الببغاء.
وأركب قاربا صغيرا أطوف بين الأمواج،
وأنام ليالي الضباب أو المطر الكثيرة في الجنوب.
وإذا استيقظت رأيت الجبال تزداد خضرة بعد الغسيل،
فنفضت ما على الممطرة الخضراء من الماء عائدا.
ربما أخطأت سابقا في ذم الإله،
أليس هذا أفضل ما أكون.

郑光祖

蟾宫曲

（一）

弊裘尘土压征鞍
鞭倦袅芦花。
弓剑萧萧，
一竟入烟霞。
动羁怀
西风禾黍
秋水蒹葭。
千点万点老树寒鸦，
三行两行写高寒
呀呀雁落平沙。

لحن القمر

(1)

زيي العسكري المغبر على سراج الحصان المرهق،
وضعف سوطي كعود قصب مرن متمايل.
وقد سكن قوسي وخلت جعبتي،
إذ دخلت عمق الشفق.
لقد طال اغترابي،
ورأيت الريح تهب بسنابل الذرة،
وماء الخريف يدفع القصب اليابس.
وغراب البين يعوق هنا وهناك على رؤوس الأشجار،
والبط البري يطير صفا فصفا تجاه الجنوب،
وقد يهبط على رملة منسطحة فيرفع بالأصوات.

117

（二）

曲岸西边近水涡
鱼网纶竿钓艖，
断桥东下傍溪沙
疏篱茅舍人家。
见满山满谷，
红叶黄花。
正是凄凉时候，
离人又在天涯！

(2)

دوامة حيث تدور المياه قرب غربي الشاطئ الملتوي،

ألقيت شبكة صيد وعددا من السنار،

وعلى رملة شرقي الشاطئ بجانب الجسر

كوخ متواضع حوله سياج قليل القصب.

ورأيت مزروعات في الوديان والتلال،

قد احمرت الأوراق واصفرت الزهور.

حان موسم اليأس،

والمهاجر في طريقه إلى قصد مجهول!

骂玉郎过感皇恩采茶歌

闺中闻杜鹃

（一）

无情杜宇闲淘气，
头直上耳根底。
声声聒得人心碎。
你怎知，
我就里，
愁无际？

غناء قطف الشاي

صوت الوقواق

(1)

"دو يوي" العفريت، يا لك من قاسي القلب،
حلو الكلام يسكب من أعلى الرأس إلى قاع الأذن.
حتى يذوب قلبي بالعسل.
ألا تعرف أبدا،
أني هنا،
أستغرق في الهيم؟

الملاحظة: "دو يوي" اسم ملك قديم.

集 贤 宾

宫 词

（一）

闷登楼倚阑干

看暮景，

天阔水云平。

浸池面楼台倒影，

书去笺雁字斜横。

衰柳拂月户云窗，

残荷临水阁凉亭。

景凄凉助人愁越逞，

下妆楼步月空庭。

鸟惊环佩响，

鹤吹铎铃鸣。

جمع الضيوف الكرام

عن القصر

(1)

صعدت البرج وأسندت جسدي على الدرابزين،
أشاهد منظر المغيب،
حيث السماء عالية والسحب حبلى بماء المطر.
وانعكس ظل البرج على سطح الماء بكل وضوح،
قرأت خطابه ورأيت البط المهاجر قد طار للجنوب.
فروع الصفصاف العارية حجبت ضوء الهلال عن شُبَّاكي،
واللوتس أطرقت رؤوسها حول الجوسق جنب الضفاف.
يزيد المنظر حزنا على الأحزان وألما على الآلام،
فنزلت من البرج إلى باحة البستان.
رنات أساويري أفزعت سربا من الطيور،
وهبات الريح دقت الجرس كبجعة تصيح.

睢景臣

哨 遍

高祖还乡

（一）

社长排门告示：
但有的差使无推故。
这差使不寻俗。
一壁厢纳草也根，
一边又要差夫，
索应付。
又言是车驾，
都说是銮舆，
今日还乡故。
王乡老执定瓦台盘，
赵忙郎抱着酒胡芦。
新刷来的头巾，
恰糨来的绸衫，
畅好是妆幺大户。

الصفير

عاد جد الجد

(1)

طرق عمدة القرية كل الأبواب للإعلان برجوع الجد:

ليعمل كلٌ عملا مجبرا عليه.

هذا العمل غير عاد.

منهم من يتبرع كومة من القش،

ومن يجمع العمال،

ومن يطلب النقد.

ومن قال سيعود بعربة،

ومن قال بل بموكب مهيب،

المهم أن يعود اليوم إلى مسقط الرأس.

يحمل الشيخ وانغ طبقا فخاريا واقفا للترحيب،

ويمسك العامل تشاو قرعا فيه خمر بجانبه.

لقد غسل منديل الرأس،

وكوى رداءه من حرير،

ليتظاهر بأنه ثري.

125

（二）耍孩儿

瞎王留引定伙乔男女，
胡踢蹬吹笛擂鼓。
见一彪人马到庄门。
匹头里几面旗舒：
一面旗白胡阑
套住个迎霜兔；
一面旗红曲连
打着个毕月乌；
一面旗鸡学舞；
一面旗狗生双翅；
一面旗蛇缠葫芦。

(2) مداعبة الأطفال

نادى "شياه وانغ ليو" جماعة من الرجال والنساء،

يشتغلون بالنفخ والعزف والطبل والرقص.

وجاء ركب من الناس ودخلوا القرية.

أمامه رايات ترفرف عليها رسومات:

منها ما عليه باب أبيض،

داخل الباب أرنب يقاوم البرد؛

ومنها ما عليه حلقة حمراء،

فيها غراب طائر؛

منها ما عليه ديك يرقص؛

ومنها ما عليه كلب له جناحان؛

ومنها ما عليه ثعبان يلف قرعا كبيرا.

周文质

叨叨令

悲　秋

叮叮当当铁马儿乞留玎琅闹，
啾啾唧唧促织儿依柔依然叫。
滴滴点点细雨儿淅零淅零哨，
潇潇洒洒梧叶儿失流疏刺落。
睡不着也末哥，
睡不着也末哥，
孤孤另另单枕上迷彪模登靠。

الحسرة

البكاء على الخريف

دين دين دانغ دانغ يهتز جرس الريح،

تشيو تشيو جي جي تغني الحشرات،

دي دي ديان ديان ينزل المطر الخفيف،

شياو شياو سا سا تسقط أوراق الإندوس.

لم يدخل الأخ في نومه،

ولم ينعم الأخ بنومه،

يتسد منفردا وسادته ويتقلب بين النوم واليقظة.

129

乔 吉

清 江 引

有 感

相思瘦因人间阻，
只隔墙儿住。
笔尖和露珠，
花瓣题诗句，
倩衔泥燕儿将过去。

مقدمة اللحن

خاطرة

ذاب جسدي لمنع الوشاة من وصالي،
وهي ساكنة بالجوار.
برأس قلمي وقطرات الندى،
كتبت أشعارا على أوراق الزهر،
وكلفت السنونو بنقلها عندما التقط الطين لبناء العش.

清 江 引

即 景

垂杨翠丝千万缕，
惹住闲情绪。
和泪送春归，
倩水将愁去，
是溪边落红昨夜雨。

مقدمة اللحن

منظر

ما أكثر الفروع الناضرة للصفصاف الواقف،
شأنها شأن الهموم التي تحيرني.
ودعتُ الربيع وعيناي تدمعان،
أهلا يا مطر اطرد عني الأحزان،
حقا إنه سقط ليلة أمس وأَسْقَطَ الزهرَ الأحمر على الشاطئ.

卖 花 声

悟 世

肝肠百炼炉间铁，
富贵三更枕上蝶，
功名两字酒中蛇。
尖风薄雪，
残杯冷炙，
掩清灯竹篱茅舍。

بائع الزهر

اليقظة

نقيت أحشائي في الفرن تنقية الحديد،

فهمت أن الغنى فراشة تراود الوسادة في عز الليل،

ولفظ العُلا مثير، بلا، ليس إلا ظل أفعى ينعكس في الخمر.

الأعاصير هائجة والثلج يسقط،

وقد قل الخمر وبرد ما بقي في الطبق،

فأطفأت السراج الخافت في الكوخ.

135

凭 阑 人

金陵道中

瘦马驮诗天一涯，
倦鸟呼愁村数家。
扑头飞柳花，
与人添鬓华。

المتأمل

طريق المنفى

ركبت حصانا ضعيفا متجشما مرارة السفر،
يسايرني الطير المرهق الذي مر بعديد من السكن.
وزهر الصفصاف الأبيض يطير أمام وجهي،
ويزيد شعري من شيب.

折桂令

毗陵晚眺

江南倦客登临。
多少豪雄，
几许消沉。
今日何堪，
买田阳羡，
挂剑长林。
霞缕烂谁家昼锦，
月钩横故国丹心。
窗影灯深，
燐火青青，
山鬼喑喑。

كسر عود الغار

المساء لمحافظة بيلينغ

وصل المسافر المتعب إلى جنوبي النهر.

متسائلا: كم بطلا فاخرا،

فشل مرة فمرة، وسقط في المكان.

ماذا أفعل اليوم،

ألم يدع ذلك "الشاعر الكبير" الذي اشترى الحقل إلى الحسد،

ولم يعلق ذلك "الفارس الشهير" سيفه على السرو باكيا على البطل.

أي ناجح اليوم ينعم بشروق الشمس ومصابيح الليل،

بينا أنا أنظر إلى الهلال وأشتاق إلى بلدي المفقود.

قناديل البيوت لم تكن بهية،

وحريق الفوسفور في الفلاة،

وأرواح الموتى تبكي للمصير.

الملاحظة: "الشاعر الكبير" يشير إلى "سو شي" في عهد أسرة سونغ الذي طلب طول العمر،
وعاد يائسا في النهاية إلى المنزل، والفارس يشير إلى "جي تشا" كان يعلق سيفه على شجرة على قبر
صديقه القائد البطل بعد فشله.

折 桂 令

登毗陵永庆阁所见

忽飞来南浦娇云，

背影藏羞，

忍笑含颦。

绕鬓兰烟，

沾衣花气，

恼梦梅魂。

似湘水行春洛神，

遇天台采药刘晨。

愁缕成痕，

一枕余香，

半醉黄昏。

كسر عود الغار

الصعود إلى برج يونغتشينغ

وصلتْ فجأة سحابةٌ وردية من جنوبي المياه،

كأن فتاة تختفي،

وتبتسم خجلا وتستحي.

وحول رأسها ضباب،

وعلى زيها ريحان،

إنها ليست إلا روح برقوق.

قابلتها كما قابلتْ حورية الربيع على نهر "سيانغشوي"،

الشاب "ليو تشن" الذي يقطف العقاقير في دار الجنان.

141

كيف أطرد أثر الهموم والغموم،

وعطرها جاثم على السرير،

إلا أن أقضي الليل بالخمر العتيق.

满 庭 芳

渔 父 词

（一）

携鱼换酒，
鱼鲜可口，
酒热扶头。
盘中不是鲸鲵肉，
鲟鲊初熟。
太湖水光摇酒瓯，
洞庭山影落鱼舟。
归来后，
一竿钓钩，
不挂古今愁。

الفناء المليء بالزهر

نشيد الصياد

(1)

بدلت الخمر بالسمك،
وما ألذ السمك النيئ،
والخمر يُدوِّر رأسي.
ليس لحم الحوت في طبقي،
إنما هو من النوع الصغير.
ضوء بحيرة تايهو يشعشع داخل قدحي،
وظل الجبل يسقط على سفني.
رجعت به،
ومعي سنارتي،
تاركا أمور الماضي والحاضر والمستقبل.

水 仙 子

为友人作

搅柔肠离恨病相兼，
重聚首佳期卦怎占？
豫章城开了座相思店。
闷勾肆儿逐日添，
愁行货顿塌在眉尖。
税钱比茶船上欠，
斤两去等秤上掂，
吃紧的历册般拘钤。

لحن شوي شيان تسي

إلى صديق

ألم الفراق كان يحرقني ويعذبني وزاد مرضي،

ولم أعرف متى زمن اللقاء الثاني؟

نشأ في مدينة يويتشانغ محل خاص لبيع الشوق والهوى.

وتزايد يوميا عدد الدور لبيع البنت،

وتكدست سلعها راكدة فقلق الصاحب على صعوبة البيع.

كثرت ديوني في مشارب السفن،

وثقلت علي حتى لا يزنها ميزان الذهب،

وأصعب من ذلك أني مكبول مقيد كمن دخل السجن.

145

集贤宾

咏柳忆别

（一）

恨青青画桥东畔柳，
曾祖送少年游。
散晴雪杨花清昼，
又一场心事悠悠。
翠丝长不系雕鞍，
碧云寒空掩朱楼。
揎罗袖试将纤玉手，
绾东风摇损轻柔。
同心方胜结，
缨络绣文球。

جمع الضيوف الكرام

غناء الصفصاف

(1)

كدت أحقد على الصفصاف الذي يقف شرق الجسر،
كان جدي يودعني لأسافر للبعد.
حيث الجو في الصبح صاف والزهر متطاير،
وقلبي مثله مثل الزهر الذي يرفرف.
فرع الشجر رغم طوله لا يربط السرج،
وبرد السحب رغم صفائه لا يغطي البرج.
رفعت أكمامها لأمسك يديها الناعمتين،
ولمست اليدين ودلكتهما لأبقيهما مع النسيم.
قلبانا مثل عقد معقود،
والعقد مصوغ من نوادر الأحجار.

刘时中

殿 前 欢

醉颜酡，

太翁庄上走如梭。

门前几个官人坐，

有虎皮驮驮。

呼王留唤伴哥，

无一个，

空叫得喉咙破。

人踏了瓜果，

马践了田禾。

فرح القصر

هيا لنسكر،
انظر ما أكثر الزوار لذلك القائد العظيم.
إذ يجلس كبار القواد أمام الباب،
ولكل منهم مطية بسرج عليه فرو.
ينادون الغلمان أو الخدم،
ولم يجاوبهم أحد،
فاستمروا في الصراخ حتى بح الحلق.
فإذا الزائرون يدوسون الفواكه والخضر،
والخيول تخرب حقول الزرع.

阿鲁威

落 梅 风

千年调，
一旦空，
惟有纸钱灰晚风吹送。
尽蜀鹃啼血烟树中，
唤不回一场春梦。

آ لو وي

ريح تسقط زهر البرقوق

إرادة ألف سنة،

إذا فشلت،

تصبح كرماد النقود الورقية التي تكسحها الرياح العاصفة.

رغم الندب والبكاء كصياح الوقواق،

فلن يرجع بحلم الربيع.

王元鼎

醉太平

寒　食

声声啼乳鸦，
生叫破韶华。
夜深微雨润堤沙，
香风万家。
画楼洗净鸳鸯瓦，
彩绳半湿秋千架。
觉来红日上窗纱，
听街头卖杏花。

لحن تسوي تاي بينغ

عيد إحياء الأجداد

عق غراب صغير،

فأخاف على إزعاجه جمال الربيع.

سقى المطر ليلة أمس رملة الضفاف،

وساد الريحان آلاف البيوت.

غسل المطر القرميد المنقوش على سطح المنزل المزخرف،

وبلل أحبال الأرجوحة الملونة.

استيقظت وشعاع الشمس الأحمر قد أضاء شاشة شباكي،

وسمعت النداء على زهر المشمش في السبيل.

薛昂夫

塞 鸿 秋

功名万里忙如燕，
斯文一脉微如线。
光阴寸隙流如电，
风霜两鬓白如练。
尽道便休官，
林下何曾见，
至今寂寞彭泽县。

大中华文库

154

الإوز البري المهاجر

كنت مشغولا بالمنصب مثل السنونو الطائر لبناء العش،
لكن طقوس الوظيفة لم أعرفها إنها كخيط غير ملموس.
والزمن يمضي سريعا جدا كلمحة برق،
وقد شابت معابدي كقطعتَيْ حرير.
الناس يزعمون أنهم يكرهون المناصب العالية،
لكن من رأى أحدا عنها يبتعد،
لذا أبقى في محافظة بونغتسه وحدي.

赵善庆

庆东原

泊罗阳驿

砧声住，
蛩韵切，
静寥寥门掩清秋夜。
秋心凤阙，
秋愁雁堞，
秋梦蝴蝶。
十载故乡心，
一夜邮亭月。

تشاو شان تشينغ

لحن تشينغ دونغ يوان

في نزل لويانغ

وقف ضرب المغسل،
وارتفع صرير الحشرات،
سكن الليل فأغلقت الباب على برد الخريف.
قلبي متطلع إلى شؤون الوطن،
وحزني على حيطان الأحواض،
وحلمي أن أطير مثل فراشة حرة.
لقد غادرت بلدي منذ عشر سنين،
فكم أشتاق إليه وأنا أرى القمر في نزل البريد.

马谦斋

柳 营 曲

太平即事

亲凤塔，

住龙沙，

天下太平无事也。

辞却公衙，

别了京华，

甘分老农家。

傲河阳潘岳栽花，

效东门邵平种瓜。

庄前栽果木，

山下种桑麻。

度岁华，

活计老生涯。

لحن ليو ينغ

غناء بالسلام

خضع الشعب للبلاط،
وسكنت الحروب في الميدان،
وساد السلام كل البلاد.
طلبت الاستقالة عن وظيفتي،
وانصرفت عن العاصمة،
راجعا إلى الريف.
فضلت أن أحتذي حذو بان يوي فأزرع الزهر على التل،
أو شاو بينغ بالضاحية الشرقية فأتعهد بتربية القرع.
ما أريح أن أزرع الفاكهة أمام عزبتي،
وأزرع التوت والكتان في سفح الجبل.
وأقضي أيامي،
حتى نهاية حياتي.

159

水仙子

咏　竹

贞姿不受雪霜侵，

直节亭亭易见心。

渭川风雨清吟枕，

花开时有凤寻，

文湖州是个知音。

春日临风醉，

秋霄对月吟。

舞闲阶碎影筛金。

مختارات الشعر الصيني القديم في عصر أسرة يوان الملكية
سلسلة كنوز التراث الصيني

لحن شوي شيان تسي

غناء الخيزران

دائمة الخضرة لا تخاف من شدة البرد،
كل جزء منها مستقيم وواضح الحشو.
مناخ ويتشوان صالح لتنظيم الشعر،
وعندما يتفتح زهرها يجذب أحسن طير،
"ونهوتشو" رجل فاهم له كل الفهم.
لما رآها في الربيع تسكر مع أشعة الشمس،
ولما رآها في مساء الخريف أطلق صوته تجاه القمر.
وضوء القمر إذا نشرعلى المدرج صار حبات من ذهب.

الملاحظة: وينهوتشو، رسام عظيم في تاريخ الصين.

张可久

人 月 圆

山中书事

兴亡千古繁华梦，

诗眼倦天涯。

孔林乔木，

吴宫蔓草，

楚庙寒鸦。

数间茅舍，

藏书万卷，

投老村家。

山中何事，

松花酿酒，

春水煎茶。

كمال القمر وجمع شمل البشر

خاطرة في عمق الجبل

تداول النهوض والسقوط منذ آلاف السنين،
تعب الشاعر بعد أن جرب أمور الدنيا ورأى التغيرات.
ماذا صارت غابة لبيت كنفوشيوس،
وأعشاب قصر أسرة وو،
وغربان معبد سلالة تشو.
ليس عندي إلا عدد من الأكواخ،
وآلاف المجلدات من الكتب،
تركتها في بلدي القديم.
فما أمري في عمق الجبل،
أصنع الخمر من زهر السرو،
وأطبخ الشاي بماء النبع.

الملاحظة: بيت كنفوشيوس وقصر أسرة تشو الملكية ومعبد سلالة تشو كلها آثار قديمة مضى عليها زمن طويل وصارت خرابا.

人 月 圆

春日湖上

小楼还被青山碍，
隔断楚天遥。
昨宵入梦，
那人如玉，
何处吹箫？
门前朝暮，
无情秋月，
有信春潮。
看看憔悴，
飞花心事，
残柳眉梢。

كمال القمر وجمع شمل البشر

على البحيرة أيام الربيع

البرج الصغير محجوب بخضرة الجبال،
ونظري المتطلع مقطوع فلا أرى النهر الجاري.
طرقت طرف بابي ليلة أمس،
وهي ناعمة مثل دمية من يشم،
أين تزمر الآن؟
يتبدل اليوم والليل،
ويرسل القمر ضوءه الواضح،
ويقال لا يأتي الخطاب إلا في الربيع.
تعبت وأرهقت،
كأن قلبي زهر طائر،
وحاجباي كورق الصفصاف الذابل.

165

醉太平

怀 古

翩翩野舟，

泛泛沙鸥。

登临不尽古今愁，

白云去留。

凤凰台上青山旧，

秋千墙里垂杨瘦，

琵琶亭畔野花秋。

长江自流。

لحن تسوي تاي بينغ

البكاء على الطلل

قارب يسبح،

وسنونو يحلق.

لن تستريح من هموم العصور رغم صعودك إلى القمم،

ومهما كانت السحب.

منصة العنقاء ظلت مغطاة بالأشجار،

وجدران البستان والأرجوحة داخلها تتدلى عليها الأغصان،

وجوسق "بيبا" قد اصفرت الأعشاب حوله وذبلت مع شدة الرياح.

ونهر اليانغتسي يجري كما كان منذ الزمان.

167

الملاحظة: منصة العنقاء والبستان وجوسق بيبا هي أماكن حيث كان كبار الشعراء يتركون
أبيات الشعر، وهي رموز على أن التاريخ لا يتغير بإرادة الإنسان.

梧 叶 儿

湖山夜景

猿啸黄昏后，
人行画卷中。
萧寺罢疏钟，
湿翠横千嶂，
清风响万松。
寒玉奏孤桐，
身在秋香月宫。

ورق الجميز

منظر الليل للجبل والبحيرة

القرد يقهقه بعد العشاء،
وكأن الإنسان يسير في لوحة فنية.
والمعبد قد أوقف دقات الناقوس،
والمطر قد بلل آلاف الأشجار،
والنسيم قد هب على ملايين الصنوبر.
أحمل قيثارة قديمة من يشم،
كأني في قصر القمر ليلة خريف.

169

折 桂 令

西陵送别

画船儿载不起离愁。

人在西陵，

恨满东州。

懒上归鞍，

慵开泪眼，

怕倚层楼。

春去春来，

管送别依依岸柳。

潮生潮落，

会忘机泛泛沙鸥。

烟水悠悠，

有句相酬，

无计相留。

كسر عود الغار

الوداع في شيلينغ

الهموم ثقيلة حتى لا يحملها القارب المنقوش.

ما إن ودعته في شيلينغ،

حتى امتلأ صدري بحزن ثقيل.

تباطأت تباطأت أن أركب خيلي،

وما أردت أن أفتح عيني الدامعتين،

ولا أصعد إلى العلا للتطلع إلى جهة المسافر.

الربيع ذهب ثم عاد،

الحور يلوح بالأوراق للتوديع.

والمد يرتفع ثم ينسحب،

السنونو يتلاعب في كل الأوقات.

أمام ضباب الماء،

حاولت أن أبقيك بشعري،

لكن لم أستطع.

折 桂 令

次 韵

唤西施伴我西游，

客路依依，

烟水悠悠。

翠树啼鹃，

青天旅雁，

白雪盟鸥。

人倚梨花病酒，

月明杨柳维舟。

试上层楼，

绿满江南，

红褪春愁。

كسر عود الغار

معارضة لشاعر

رحلت إلى الغرب وناديت "شي شي" لمرافقتي،
يا لصعوبة الفراق،
ويا لكثافة الضباب.
الوقواق يغرد على الأغصان،
والبط البري يهاجر عبر صفوة السماء،
والسنونو الموافي لا يعود إلا مع الحبيب.
وقفت تحت شجر الإجاص وشربت الخمر، وأنا ضعيف،
وضوء القمر وفروع الحور ثبّتت قاربي.
حاولت الصعود إلى الطابق العلوي،
فإذا بجنوب البلاد كله خضر غير محدود،
والزهور الحمراء قد خففت شيئا من همومي.

الملاحظة: "شي شي": من أجمل النساء في أساطير الصين.

小 桃 红

离 情

几场秋雨老黄花，
不管离人怕。
一曲哀弦泪双下，
放琵琶。
挑灯羞看围屏画。
声悲玉马，
愁新罗帕，
恨不到天涯。

الفتاة الجميلة

شعور عند الوداع

ذبلت الزهور بعد موجات من الأمطار،

مع خوفي على المسافر.

اغرورقت عيناي مع اللحن الحزين،

ثم تركته.

وخجلت أن أرفع القنديل لأراجع الرسوم على الحواجز.

وشدو العود يهز تحف القرميد،

ويبلل منديلي ولا أجد بعده الجديد،

عسى أن ألاحقه في الأفق البعيد.

175

山坡羊

闺　思

云松螺髻，

香温鸳被，

掩春闺一觉伤春睡。

柳花飞，

小琼姬，

一声"雪下呈祥瑞"，

团圆梦儿生唤起。

"谁，

不做美？

呸，

却是你！"

الغنم على التلّ

الهوى داخل الخدر

فككت شعري المربوط ككتلة السحاب،
وعطّرت لحاف الزوجين الدافئ،
اختفيت في الخدر واشتهيت بالنومَ في فصل الربيع.
يتطاير ورق الحور،
ويرتفع صوت صغيرة البنات،
"مع ثلوج السماء التي تبشر بالبركات"،
كسرت نومي حيث التأم شمل الأسرة.
"من،
من يفسد حلمي؟
تباً،
ها أنت ذي!"

殿 前 欢

离　思

月笼沙，

十年心事付琵琶。

相思懒看帏屏画，

人在天涯。

春残豆蔻花，

情寄鸳鸯帕，

香冷荼蘼架。

旧游台榭，

晓梦窗纱。

فرح القصر

الحنين

القمر يرسل ضوءه على الشاطئ،
شكوت بعودي ما في قلبي لعشر سنين.
ما أردت لهواي أن أرى ما على الحواجز من رسوم،
حبيبي راحل.
لقد ذبل زهر الهيل ومضى الربيع،
وقد أرسلت منديلا عليه طائرا الحب،
وجاء الخريف فبردت كرمة الأشواك،
وتجولت كثيرا في حلمي ذلك المتنزه،
وما رأيت بعد الحلم إلا شاشة الشباك.

179

清 江 引

秋 怀

西风信来家万里，
问我归期未？
雁啼红叶天，
人醉黄花地，
芭蕉雨声秋梦里。

مقدمة اللحن

الخريف

جاءت الرياح الغربية برسالة من بيته القاصي،
حيث سألته عن ميعاد العودة.
صاح الإوز متعجبا بحمرة الأوراق،
وسكر المهاجر وارتقى على صفرة الحشيش،
ثم دخل في نومه مستمعا إلى دق المطر النازل على ورق الموز.

大中华文库

一 枝 花

湖上归

（一）

长天落彩霞，

远水涵秋镜。

花如人面红，

山似佛头青。

生色围屏，

翠冷松云径，

嫣然眉黛横。

但携将旖旎浓香，

何必赋横斜瘦影。

عود من الزهر

العودة عن طريق البحيرة

(1)

السحب الملونة تملأ السماء الشاسعة،
وروائع الخريف تنعكس في المياه الواسعة.
حمرة الزهر تماثلها حمرة وجه اللامعة،
وخضرة الجبل تضاهيها خضرة رأس الراهب.
الحواجز التي تحيط بك من النباتات النابضة،
وبرد الدرب بين غابة السرو وتحت السحابة السابحة،
كأنها حواجب بنفسجية.
ما دامت تحمل الشذى الفاتنة،
فلماذا أنشد شعرا لشبح الفتاة الواهنة.

徐再思

普 天 乐

垂虹夜月

玉华寒，
冰壶冻。
云间玉兔，
水面苍龙。
酒一樽，
琴三弄。
唤起凌波仙人梦，
倚阑干满面天风。
楼台远近，
乾坤表里，
江汉西东。

فرح الدنيا

قمر على قوس القزح

برد قصر القمر،
وتجمد ما في الإبريق.
و"الأرنب اليشميّ" وراء السحاب،
والتنين فوق سطح الماء،
إناء من الخمر،
ولمسات على القيثار.
لإيقاظ حورية السماء من السبات،
لتقف مستندة على الدرابزين وتواجه قوة الهواء،
والأبراج قريبا وبعيدا،
والكون قلبا وظهرا،
والنهر غربا وشرقا.

الملاحظة: "الأرنب اليشميّ" هي ما وردت في القصص الصينية من حيوان لقصور القمر.

蟾宫曲

江淹寺

紫霜毫是是非非，

万古虚名，

一梦初回。

失又何愁，

得之何喜，

闷也何为？

落日外萧山翠微，

小桥边古寺残碑。

文藻珠玑，

醉墨淋漓，

何似班超，

投却毛锥。

لحن القمر

معبد جيانغيان

"فرشة تسيشوانغ" تكتب الباطل والحق،
لكن الكل في السجل كلام لا يستأهل،
أو حلم لما صحا الإنسان صار رغوة.
فلِم الحزن لو ضيعته،
ولِم الفرح لو قبضته،
ولم الضيق لو عجزت عنه؟
فانظر إلى خضرة الجبال عند المغيب،
وانظر إلى النصب البالي والمعبد المتهدم قرب الجسر الصغير.
اقرأ الألفاظ الباهية كدرر،
واكتب النص القارع الصدر،
لكن ما أبعده عما كتبه المؤرخ "بان تشاو"،
ولماذا لا أرمَى هذه الفرشة.

الملاحظة: "فرشة تسيشوانغ": نوع من فرشات الكتابة بالصين. "بان تشاو": مؤرخ كبير في عهد أسرة هان الملكية بالصين.

蟾宫曲

春　情

平生不会相思，

才会相思，

便害相思。

身似浮云，

心如飞絮，

气若游丝。

空一缕余香在此，

盼千金游子何之。

证候来时，

正是何时？

灯半昏时，

月半明时。

لحن القمر

الحنين إلى الربيع

لم أك أفهم معنى الشوق في حياتي،

فهمته الآن،

وأصبحت أشتاق.

جسمي كصفحة سحاب سابحة،

وقلبي كزهرة قطن طائرة،

ونفسي كخيوط حرير عالقة.

لم أَجِد سوى عاطرة،

أتمنى لو يعود المسافر.

متى سيعود،

متى تزول حرقة الشوق؟

عندما يخفت ضوء السراج،

عندما ينتصف نور الهلال.

189

水仙子

夜　雨

一声梧叶一声秋，
一点芭蕉一点愁，
三更归梦三更后。
落灯花棋未收，
叹新丰孤馆人留。
枕上十年事，
江南二老忧，
都到心头。

لحن شوي شيان تسي

مطر الليلة

ورقة من الإندوس رمز للخريف،

وورقة من الموز رمز للهموم،

ما رجعت إلا في عز الليل ودخلت في الحلم بعده.

لمْ أَطْفِئ سراجي ولَمْ أسحب رقعة الشطرنج،

وكنت أتحسر على نفسي وأنا وحدي في هذا النزل.

عاودتني ذكريات عشر سنين وأنا على المخدة،

وقلقي الشديد على والديّ الهرمين،

كموجات تضرب سويدائي.

191

人 月 圆

甘露怀古

江皋楼观前朝寺，
秋色入秦淮。
败垣芳草，
空廊落叶，
深砌苍苔。
远人南去，
夕阳西下，
江水东来。
木兰花在，
山僧试问，
知为谁开？

كمال القمر وجمع شمل البشر

البكاء على الطلل

صعدت برج "جيانغقاو" للتفرج على معبد العهد الماضي،
والخريف قد حل شاطئ "تشينهواي" البهي.
الجدران متهدمة واقعة بين الأعشاب،
والأروقة يملأها ما سقط من الأوراق،
والطحالب تمتد من المدرج إلى الأعماق.

رحل المسافر جنوبا،
وغابت الشمس غربا،
واتجهت مياه النهر شرقا.
والمغنولية ظلت قائمة،
فسأل راهب يقيم فيه
لمن تفتحت يا أيتها الزهرة الناضرة؟

الملاحظة: جيانغقاو: برج مشهور قرب مدينة نانجينغ. وتشينهواي: اسم نهر في المدينة ثم
يطلق به المدينة نفسها.

查德卿

柳营曲

金陵故址

临故国，
认残碑，
伤心六朝如逝水。
物换星移，
城是人非，
今古一枰棋。
南柯梦一觉初回，
北邙坟三尺荒堆。
四围山护绕，
几处树高低。
谁，
曾赋黍离离？

لحن ليو ينغ

طلل لمدينة جينلينغ

وصلت إلى بلدي السابق،

وحاولت أفسر ما كتب على النصب البالي،

وحزنت على العهود الستة التي بعدت كالماء الساري.

لقد تجددت الكائنات وانتقلت الكواكب،

والمدينة كما هي في الماضي لكن الناس ليسوا أولاء الناس،

كأن الماضي واليوم شوط من الشطرنج.

صحت أول ما صحت بعد حلم زايف،

وفوجئت بما تكدس في المقابر من ميّت.

والجبال تحيط بها من كل جهة،

والأشجار تتناثر بلا انتظام.

لمن الجثث،

للذين ينظمون الشعر الراقي؟

朱庭玉

天净沙

秋

庭前落尽梧桐，
水边开彻芙蓉。
解与诗人意同。
辞柯霜叶，
飞来就我题红。

لحن تيان جينغ شا

الخريف

سقطت أمام منزلي أوراق الإندوس كلها،
وأنهت زهور اللوتس في البركة تفتحها.
كأن الشاعر قد أملى ما في قلبه عليها.
أقبلت ورقة حمراء علي،
طالبة أن أكتب شعرا عن جمالها.

197

张鸣善

普 天 乐

咏　世

洛阳花，

梁园月，

好花须买，

皓月须赊。

花倚栏干看烂熳开，

月曾把酒问团圆夜。

月有盈亏花有开谢，

想人生最苦离别。

花谢了三春近也，

月缺了中秋到也，

人去了何日来也？

تشانغ مينغ شان

فرح الدنيا

الحياة

أجمل زهر زهر لويانغ،
وأحلى قمر قمر ليانغيوان،
فاشتر الزهر عندما كان جميلا،
وتفرج على القمر حينما كان بهيا.
واستند على الدرابزين لترى الزهر يفتتح،
وأمسك الكأس لتسأل عما إذا البدر يكتمل.
للقمر كمال ونقصان وللزهر نضارة وذبول.
أما الإنسان فأصعب ما عليه هو الفراق.
ذبل الزهر وسرعان ما مضى موسم الربيع،
ونقص القمر وسرعان ما حل وسط الخريف،
أما الإنسان إذا غادر فمتى يكون الرجوع؟

普天乐

愁　怀

雨儿飘，

风儿扬。

风吹回好梦，

雨滴损柔肠。

风萧萧梧叶中，

雨点点芭蕉上。

风雨相留添悲怆，

雨和风卷起凄凉。

风雨儿怎当？

风雨儿定当。

风雨儿难当！

فرح الدنيا

الحنين

المطر يتطاير،

والريح تهب،

فتعود معها بأحلى الأحلام،

وقطرات المطر تفتت أحشاء الإنسان.

تلفح الريح أوراق الإندوس،

وتدق القطرات أوراق الموز.

ويضفي المطر والريح على الحزن أحزانا،

وتثيرا في النفس برودة الآلام.

فما ذنب المطر والريح؟

بل لهما ذنب مؤكد.

لكن يصعب عليهما الاحتمال!

杨朝英

水仙子

西湖探梅

雪晴天地一冰壶，
竟往西湖探老逋，
骑驴踏雪溪桥路。
笑王维作画图，
拣梅花多处提壶。
对酒看花笑，
无钱当剑沽，
醉倒在西湖。

لحن شوي شيان تسي

التفرج على البرقوق

الأرض مثل إناء من بلور بعد الثلج،
اتجهت إلى البحيرة الغربية لزيارة حانوت معروف،
ركبت حمارا فداس الثلج عابرا جسر شيتشياو،
وضحكت من نفسي وأنا مثل وانغ وي ذاك الشاعر المشهور،
بينما التقطت زهور البرقوق حملت الإبريق.
شربت ونظرت إلى الزهر وأنا ضاحك،
بعت سيفي لما صرفت كل ماعندي من نقود،
واستلقيت متسكرا على الرصيف.

宋方壶

204

斗鹌鹑

送　别

（一）

落日遥岑，
淡烟远浦。
萧寺疏钟，
戍楼暮鼓。
一叶扁舟，
数声去橹，
那惨戚，
那凄楚，
恰待欢娱，
顿成间阻。

مداعبة طائر السمان

التوديع

(1)

الشمس الغاربة والجبال البعيدة،
والدخان الخفيف والميناء المبهم،
والمعبد المغمور والناقوس الذي قلما يرن،
وعشاء البرج وطبل المساء.
ترى قاربا كورقة شجرة،
وتسمع خريرا للمجداف،
يا له من منظر كئيب،
يا له من شعور حزين،
عندما تريد أن تفرح،
سرعان ما تعود حزينا.

205

山 坡 羊

道 情

青山相待，

白云相爱，

梦不到紫罗袍共黄金带。

一茅斋，

野花开，

管甚谁家兴废谁成败，

陋巷箪瓢亦乐哉！

贫，气不改；

达，志不改。

الغنم على التلّ

إبداء الشعور

أحبها كحبي للجبل،

أحرص عليها كحرصي على السحب،

لكني لم أنتظر رداء بنفسجيا ولا حزاما من ذهب حتى في حلمي.

بل كوخا صغيرا،

والزهر البري،

فلأتغافل عن نهوض أو سقوط لأي عهد،

وأكتفي بالزقاق الضيق حيث حانوت خمر!

الفقر، لا يغير إرادتي لتحقيق العدل؛

النجاح، لا يفسد صمودي على الخلق.

207

汪元亨

醉太平

警　世

憎苍蝇竞血，
恶黑蚁争穴，
急流中勇退是豪杰，
不因循苟且。
叹乌衣一旦非王谢，
怕青山两岸分吴越，
厌红尘万丈混龙蛇，
老先生去也。

لحن تسوي تاي بينغ

تحذير

أكره الذباب الذي ينازع على الدم،

أحقد على النمل الذي يقاتل على الجحر،

إن الذي يتنازل عن خوض النزاع هو البطل،

لن أخضع لمن قبلي وله أقتدي.

أتأوه إذا ما كان الحي مقرا للملك،

وأخشى إذا ما قسم النهر شاطئيه إلى بلدين،

وأبغض الدنيا التي لا تميز التنين من الأفعى،

إذن، أبتعد.

209

沉醉东风

归　田

远城市人稠物穰，
近村居水色山光。
熏陶成野叟情，
铲削去时官样，
演习会牧歌樵唱。
老瓦盆边醉几场，
不撞入天罗地网。

لحن ريح الشرق

العودة إلى الحقل

لأبتعد عن المدن التي تكتظ بالناس والسلع،
وأقترب من الريف الذي يمتلئ بمناظر الماء والجبل.
تحولت بعد التعميد إلى شيخ قروي،
ونزعت عن ملمحي السابق كموظف قصر،
تدربت على غناء الصياد والحطّاب،
وتعودت على الخمر قرب إناء خشن،
ولن أقتحم فيما بعد شراك الشياطين.

倪 瓒

人 月 圆

惊回一枕当年梦，
渔唱起南津。
画屏云嶂，
池塘春草，
无限销魂。
旧家应在，
梧桐覆井，
杨柳藏门。
闲身空老，
孤篷听雨，
灯火江村。

كمال القمر وجمع شمل البشر

إذا بحلم يرجع بي إلى ما مضى من زمن،

كان غناء الصياد يرتفع من ضفة الجنوب.

والجبال تختفي وراء ستار من سحاب،

وأعشاب الربيع خضراء اللون تحيط بالمياه،

فما أسحر المنظر.

لا يزال المنزل قائما،

وقد خبأت بئره شجرة اندوس،

وأخفى بابه عود من حور.

أما أنا فأصبحت شيخا هرما متفرغا،

ولجأت إلى قارب أصغي لصوت المطر،

وأتأمل في فوانيس القرية قرب النهر.

213

小桃红

一江秋水澹寒烟，
水影明如练，
眼底离愁数行雁。
雪晴天，
绿苹红蓼参差见。
吴歌荡桨，
一声哀怨，
惊起白鸥眠。

الفتاة الجميلة

نهر من ماء الخريف حيث تتصاعد نسمات البرد،

والماء صاف لامع مثل حبال من نور،

وأسراب من الإوز البري تمر بي وترى ما بعيني من حزن الوداع.

صحا الجو بعد الثلج،

وتبارى الأحمر والأخضر في الظهور.

وإذا بفتاة تجدف وتغني بالغناء الجنوبي،

تتنهد وتشكو إلى النهر،

وشكاؤها يطيّر سربا من السنونو.

215

刘庭信

折桂令

忆　别

想人生最苦离别，
唱到阳关，
休唱三叠。
急煎煎抹泪揉眵，
意迟迟揉腮撧耳，
呆答孩闭口藏舌。
“情儿分儿你心里记者，
病儿痛儿我身上添些，
家儿活儿既是抛撇，
书儿信儿是必休绝，
花儿草儿打听的风声，
车儿马儿我亲自来也！”

ليو تينغ شين

كسر عود الغار

ذكرى التوديع

الفراق أصعب شيء للإنسان،
غنيت غناء التوديع حتى موقع الثغر،
لم أكرر الغناء ثلاث مرات.
حتى بدأت أمسح دموعي مرة تلو المرة،
وأدلك خدي وأذني بقوة،
مثل طفل برئ لم يفصح بكلام.
"اذكر ما لك لدي من الحب والحرص،
ودعني أمرض وأتألم بدلا منك،
وادفع عنك الأعمال المنزلية،
وأكثر من الخطب والرسائل،
واسأل الزهر والعشب عما سمعا،
وسأركب عربة أو حصانا وآتي!"

217

解 三 酲

奴本是明珠擎掌，
怎生的流落平康？
对人前乔做作娇模样，
背地里泪千行。
三春南国怜飘荡，
一事东风无主张。
添悲怆，
那里有珍珠十斛，
来赎云娘？

الاعتراف

كنت درة على الراحة،
ولماذا سقطت على الأرض القاحلة؟
تظاهرت بنعومة العيش أمام الناس،
ودمعت من ورائهم ألاف الدموع.
طوفت في جنوب البلاد شريدة،
وسألت الريح عن وجهتي.
فما أحزن حالتي،
أنَّى لي من لفافة لآلئ
لافتدي نفسي؟

219

图书在版编目(CIP)数据

元曲选:汉阿对照 / (元)关汉卿等著;张洪仪译
.--银川:宁夏人民出版社,2020.8
(大中华文库)
ISBN 978-7-227-07261-4

Ⅰ.①元… Ⅱ.①关… ②张… Ⅲ.①阿拉伯语—汉
语—对照读物②元曲—选集 Ⅳ.①H379.4:I

中国版本图书馆 CIP 数据核字(2020)第 170682 号

大中华文库

元曲选:汉阿对照   (元)关汉卿等 著   张洪仪 译

责任编辑 杨海军 赵学佳
责任校对 陈 晶
责任印制 马 丽

黄河出版传媒集团
宁夏人民出版社 出版发行

出 版 人 薛文斌
地   址 宁夏银川市北京东路 139 号出版大厦 (750001)
网   址 http://www.yrpubm.com
网上书店 http://www.hh-book.com
电子信箱 nxrmcbs@126.com
邮购电话 0951-5052104 5052106
经   销 全国新华书店
印刷装订 深圳市碧兰星印务有限公司
印刷委托书号 (宁)0018416

开   本 640 mm × 960 mm 1/16
印   张 16.25
字   数 205 千字
版   次 2020 年 8 月第 1 版
印   次 2020 年 8 月第 1 次印刷
书   号 ISBN 978-7-227-07261-4

定   价 54.00 元